HAUNTED CASTLES

英国の幽霊城ミステリー

文 織守きょうや　イラスト 山田佳世子

X-Knowledge

はじめに

この「英国の幽霊城ミステリー」は、「建築知識」という、その名のとおり建築雑誌で連載されていたエッセイを一冊にまとめたものです。

最初にお話をいただいたときは驚きました。私は小説家で、エッセイや脚本など、小説以外のものを書くこともありますが、小説以外の連載をするのは初めてでした。それも、文芸誌ではなく建築雑誌での連載です。私にできるかな?という気持ちもありましたが、それ以上に、幽霊城について書くというのが、楽しそうな企画だとわくわくしたのを覚えています。

書き始めてみると――調べものは大変でしたが――やはりとても楽しく、山田佳世子先生が毎回、素敵なイラストを描いてくださるのも嬉しくて、全12回の連載はあっというまでした。英国の有名なお城のほとんどに幽霊の伝説があり、その城に幽霊が出るとされる理由、背景を紐解いていくと、英国の歴史や王家の秘密につながります。それらは思っていた以上にミステリーに満ちた、魅力的なものでした。

エッセイなので、事実ばかりではなく、「これはこういうことだったのではないか」という私の分析や、主観もかなり入っています。是非、それも含めて、お楽しみいただければと思います。

アートディレクション：松田行正
デザイン：梶原結実
印刷：シナノ書籍印刷

本書は〈建築知識〉2022年1月号から12月号までの連載に加筆・修正を行ったものである

英国王朝の家系図

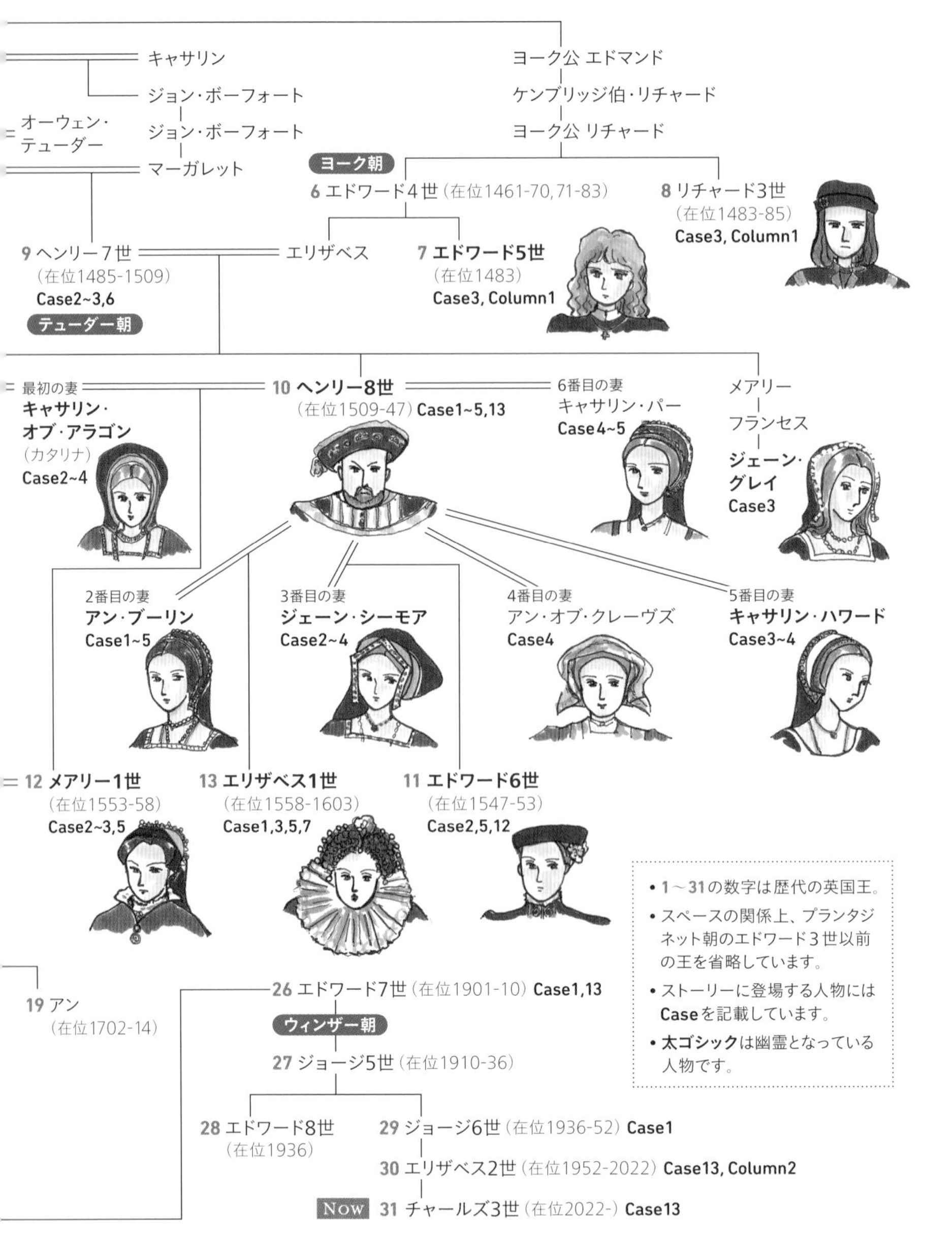

- 1～31の数字は歴代の英国王。
- スペースの関係上、プランタジネット朝のエドワード3世以前の王を省略しています。
- ストーリーに登場する人物にはCaseを記載しています。
- **太ゴシック**は幽霊となっている人物です。

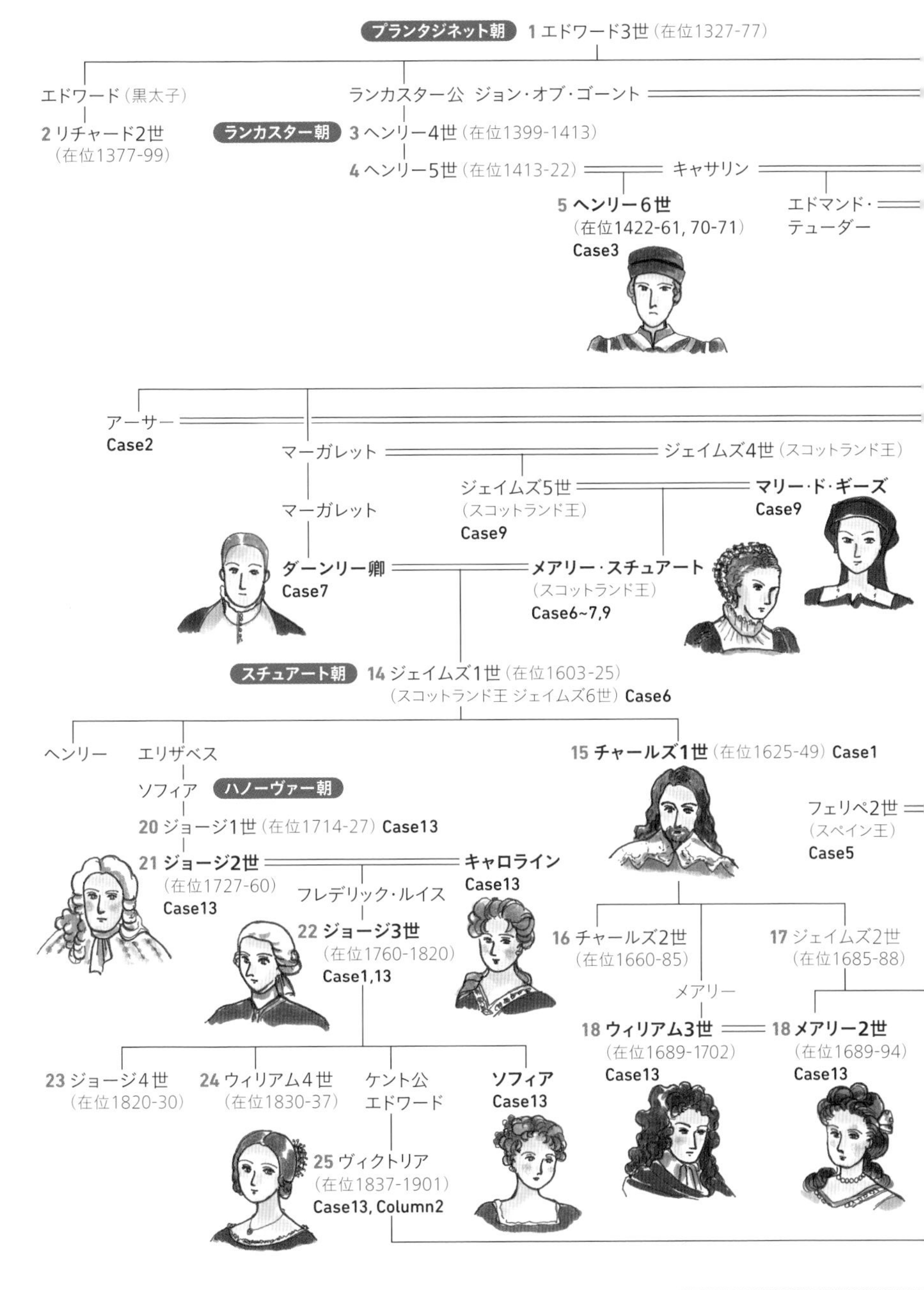

プランタジネット朝
1 エドワード3世（在位1327-77）
エドワード（黒太子）
2 リチャード2世（在位1377-99）
ランカスター公 ジョン・オブ・ゴーント
ランカスター朝
3 ヘンリー4世（在位1399-1413）
4 ヘンリー5世（在位1413-22）
キャサリン
5 ヘンリー6世（在位1422-61, 70-71）Case3
エドマンド・テューダー
アーサー Case2
マーガレット
ジェイムズ4世（スコットランド王）
ジェイムズ5世（スコットランド王）Case9
マリー・ド・ギーズ Case9
マーガレット
ダーンリー卿 Case7
メアリー・スチュアート（スコットランド王）Case6~7,9
スチュアート朝
14 ジェイムズ1世（在位1603-25）（スコットランド王 ジェイムズ6世）Case6
ヘンリー
エリザベス
ソフィア
ハノーヴァー朝
20 ジョージ1世（在位1714-27）Case13
21 ジョージ2世（在位1727-60）Case13
キャロライン Case13
フレデリック・ルイス
22 ジョージ3世（在位1760-1820）Case1,13
15 チャールズ1世（在位1625-49）Case1
フェリペ2世（スペイン王）Case5
16 チャールズ2世（在位1660-85）
17 ジェイムズ2世（在位1685-88）
メアリー
18 ウィリアム3世（在位1689-1702）Case13
18 メアリー2世（在位1689-94）Case13
23 ジョージ4世（在位1820-30）
24 ウィリアム4世（在位1830-37）
ケント公エドワード
ソフィア Case13
25 ヴィクトリア（在位1837-1901）Case13, Column2

英国幽霊城MAP

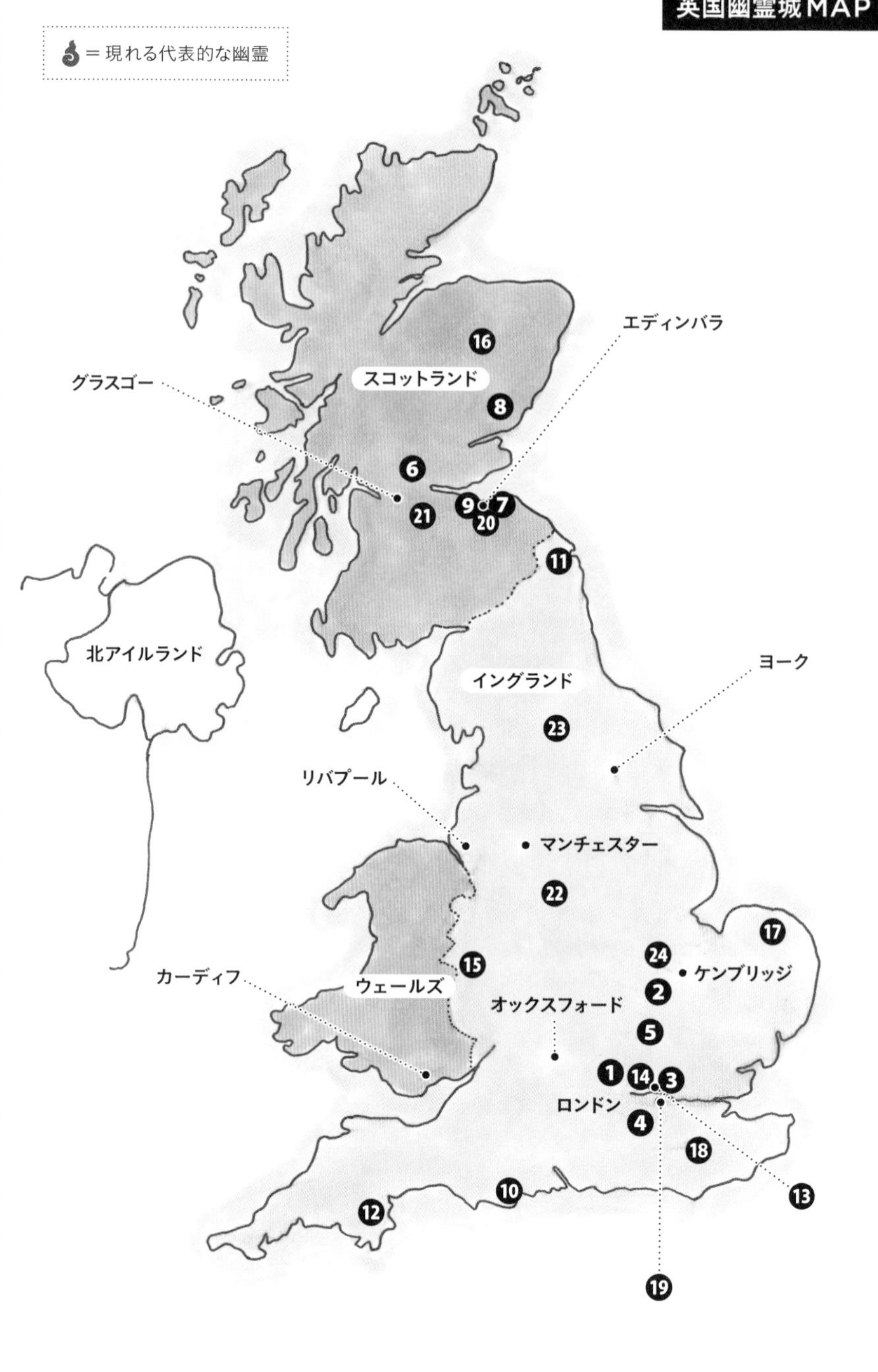

＝現れる代表的な幽霊
スコットランド
エディンバラ
グラスゴー
北アイルランド
イングランド
ヨーク
リバプール
マンチェスター
ケンブリッジ
カーディフ
ウェールズ
オックスフォード
ロンドン
16
8
6
9
7
20
21
11
23
22
17
24
2
15
5
1
14
3
4
18
13
10
12
19

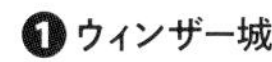

❶ウィンザー城

- エリザベス１世
- ヘンリー８世
- チャールズ１世
- ジョージ３世

❷キンボルトン城

- キャサリン・オブ・アラゴン

❸ロンドン塔

- ヘンリー６世
- エドワード５世
- アン・ブーリン

❹ハンプトン・コート宮殿

- ヘンリー８世
- ジェーン・シーモア
- キャサリン・ハワード

❺ハットフィールド・ハウス

- エリザベス１世

❻スターリング城

- メアリー・スチュアート

❼ホリールード ハウス宮殿

- メアリー・スチュアート
- ダーンリー卿

❽グラームス城

- ビアーディ伯

❾エディンバラ城

- マリー・ド・ギーズ

❿コーフ城

- エドワード殉教王
- エセルレッド王

⓫チリンガム城

- ブルー・ボーイ

⓬ベリー・ポメロイ城

- ポメロイ家の兄弟

⓭バッキンガム宮殿

- ジョン・グウィン少佐

⓮ケンジントン宮殿

- ジョージ２世
- メアリー２世

⓯ラドロー城

- マリオン・ドゥ・ブルーヤー

⓰バルモラル城

- ジョン・ブラウン

⓱ブリックリング・ホール

- アン・ブーリン

⓲ヒーヴァー城

- アン・ブーリン

⓳ランベス宮殿

- アン・ブーリン

⓴ボースウィック城

- メアリー・スチュアート

㉑クレイグネサン城

- メアリー・スチュアート

㉒タットベリー城

- メアリー・スチュアート

㉓ボルトン城

- メアリー・スチュアート

㉔ピーターバラ大聖堂

- キャサリン・オブ・アラゴン

WINDSOR CASTLE

王のアパートメント

北のテラス

現在のウィンザー城の姿

現在の英国王室の名称であるウィンザー朝の名前の由来となった城。ウィンザー朝は1714年にドイツから招かれたジョージ1世から始まったハノーヴァー朝の直系。「ハノーヴァー」はドイツの地名「ハノーファー」にちなむため、第一次大戦中にドイツが敵国となってしまったために王室の城の一つであるウィンザーを王朝の名とした。

ウィンザー城と25人の幽霊

ウィンザー城の中心には『モット・アンド・ベイリー（Motte-and-bailey）』という建築形式で建てられたモット（丘）がある。ウィリアム1世（在位1066−87）がフランスから輸入した形式で、ウィンザー城の中でモットが一番古い。

セント・ジョージ礼拝堂

ロンドンの西方35キロ、テムズ川南岸に位置するウィンザー城は、英国最大にして最古の城だ。11世紀に征服王ウィリアム1世によって築かれて以来、歴代の王たちによって改築が繰り返され、現在も英国王室の公邸として使われている。故・女王エリザベス2世[※1]も週末を過ごした城だが、この城は、おそらく、英国で最も多くの幽霊が目撃されている場所でもある。何せ、報告されているだけで25人の幽霊が出るとされている。

この城は歴代の英国王たちの居城として、外交の場として、あるときは幽閉場所として、歴史が作られた場所である。さらに、エドワード4世の時代に起工された城内の礼拝堂[※2]は王家の墓所であり、十人以上の王や王妃が埋葬されている。

それを考えると、この城に多くの王や王妃の幽霊が出るというのは、当たり前のような気がしてくる。中でも有名なのは、エリザベス1世[※3]、チャールズ1世[※4]、ジョージ3世[※5]ら歴代の国王と、ヘンリー8世[※6]と彼により処刑されたその妻たちの幽霊だろうか。

城内では、ヘンリー8世が足を引きずりながら歩き回る音を大勢の客が耳にしている。晩年足の腫瘍に苦しんだとされる彼の足音は特徴的で、すぐにそれ

※1
1926－2022（在位1952－2022）。英国女王

※2
セント・ジョージ礼拝堂

※3
1533－1603（在位1558－1603）。テューダー朝の英国女王

※4
1600－49（在位1625－49）。イングランドおよびスコットランド王

とわかるそうだ。うめき声を聞いたという者もいる。しかし、姿を視たという話は聞かない。

うめきながらさまよう幽霊というと、なんだか哀れだ。国民たちに記憶されているヘンリー8世のイメージが、足を引きずり歩く姿なのだとしたら、少し悲しい。が、彼のしたこと——男児欲しさに六回結婚し、次々と離縁と処刑を繰り返した——を考えると仕方のないことかもしれない。音だけで姿が視えないのは、ヘンリー8世自身が、苦しむ様を視られたくないと思っているからか、あるいは、人々が視たくないと思っているからだろうか。

彼に処刑された最初の王妃であるアン・ブーリン[※7]の霊も、城内やその周辺で目撃されている。具体的には、城内のホールをさまよっているとか、敷地内にあるディーン[※8]の邸宅の窓辺で泣いているという目撃談がある。首のない彼女の幽霊が、叫ぶ頭を抱えて城内を走っているという話もあるようだが、これはまるでホラー映画だ。英国の幽霊にしては派手すぎる感がある。エリザベス2世をはじめとするロイヤルファミリーがそんな場所で週末を過ごすとは思えないから、これはさすがに脚色されているのではないか、という気がするが、いずれにしても、アン・ブーリンの幽霊も、夫と同じく、心やすらかというわけで

※5
1738−1820（在位1760−1820）。ハノーヴァー朝の英国王

※6
1491−1547（在位1509−47）。テューダー朝の英国王

※7
1507−36。ヘンリー8世の2番目の妃

※8
首席司祭・聖堂参事会長

はなさそうだ。これも、男児を流産してわずか三か月後に死刑判決を受け、斬首された彼女の最期を思えば無理もない。

ヘンリー8世とアン・ブーリンの娘で、栄光の処女王と呼ばれたエリザベス1世（1533−1603）の姿も、たびたび目撃されている。エドワード6世、[※9]エドワード7世、[※10]エリザベス2世とその妹マーガレット王女（1961−2002）も目撃者で、ジョージ6世[※11]は、第二次世界大戦の始まる直前、八夜続けて彼女の姿を視たという。ジョージ3世は、彼女と話をしたと主張しているが、彼は晩年精神を病み、死ぬまでウィンザー城に幽閉され、自身もまた、後に幽霊としてこの城で目撃されることになる。彼は毒殺されたと言われていて、死後に調べられた頭髪からは、高濃度のヒ素が検出された。となると、そもそも彼が狂気に陥ったのも、毒の影響が大きかったのではないだろうか。彼はライブラリーの下にある部屋に閉じ込められ、窓から外を眺めていたそうで、今もときどきそこに現れるという。

さて、エリザベス1世の幽霊だが、その姿はしばしばライブラリーで目撃されている。彼女は板張りの床に靴音を響かせながら現れ、ライブラリーを通って隣の部屋へと消えていくという。ライブラリーの床には絨毯が敷かれていいな

※9　1537−53（在位1547−53）。テューダー朝の英国王

※10　1841−1910（在位1901−10）。英国王

※11　1895−1952（在位1936−52）。英国王

いため、靴音がよく聞こえるそうだ。黒いガウンを着て、黒いレースのショールを肩にかけた姿だったとされ、城の警備員が、ライブラリーの隣の部屋で目撃したとも報告されている（つまり、ライブラリーから隣の部屋へ移動するところと、移動したところを目撃されている）。

エリザベス1世については、ディーンの邸宅の窓辺に立っている姿を視た、という目撃談もある。この場所では、彼女の生母、アン・ブーリンの姿も目撃されており、母と娘が同じ場所に現れるというのは意味深だが、これは、目撃者が、どちらかの姿を見間違えたのでは、という気もする。母娘であるから、顔立ちや雰囲気に似通ったところがあったのかもしれない。二人が同じ場所にそれぞれ現れるのだとしても、同時には現れないということだから、いずれにしても、同じウィンザー城にいても母娘は巡り合えないのだ。そう思うと切ない。アン・ブーリンが処刑されたとき、エリザベス1世はまだ二歳、物心もつかない年ごろだった。

このディーンの邸宅には、アン・ブーリンやエリザベス1世だけでなく、さまざまな幽霊譚が残っている。正体不明の男の子の霊が現れて「今日は馬に乗りたくない」と叫ぶとか、英国王室の中で唯一処刑された国王であるチャールズ1世の霊が出るという話もある。議会と対立したチャールズ1世は、イングランド内戦で敗北し斬首され、城内のチャペルに葬られた。公開処刑だったという。

また、一時期邸宅で暮らしていたジャーナリストによれば、人気のないはずの建物内で、夜中によく足音が聞こえたという。階段は三段しかないのに、四段分下りる音がするので不思議に思っていたら、その部分は、改築の際に段板を一枚取り除いたところだったと後でわかったそうだ。誰の足音かは不明だが、いかにも英国的で情緒ある幽霊譚ではないか。

ディーンの邸宅に限らなくとも、目撃談には事欠かない。ウィンザー城内に現れる比較的新しい幽霊として、エリザベス2世とその妹マーガレット王女が、母親の幽霊を視たという話もある。姿を現すかどうかは別として、死後この城にとどまることは、ロイヤルゴーストたちにとってはもはや当然なのかもしれない。

王や王妃の幽霊以外では、ノルマン塔にはそこに幽閉されていた誰かの霊が出ると言われているし、警備中に銃で自殺した若い近衛兵の霊も、夜間巡回中の複数の兵士たちに目撃されている。

変わったところで、礼拝堂のそばに、存在しないはずの彫像が増えていた（後で調べようとしたときにはなくなっていた）というものもある。古い物には魂が宿るとする英国流の考えが根底にあるのか、馬車や彫像など、「物」の幽霊も、英国ではたびたび目撃されているようだ。

それにしても、エリザベス1世はともかく、いかにもこの世に未練を残していそうなアン・ブーリンやジョージ3世の霊たちがさまようこの城が、今もロイヤルファミリーの居城として使われているとは驚きである。日本の要職者の公邸に、先祖たちの霊が25人もうろうろしていたら、鎮まりたまえと全力でお祓いの儀式が執り行われるところだ。しかし、英国においては、言ってみれば先住者である幽霊たちを追い出すという発想は一般的ではないようだ。日本のように、視たら祟られる、呪われる、というような話はほとんどなく、英国の幽霊はほとんどの場合、ただそこにいるだけだ。悪さをするわけでもないなら共存しよう、というのが英国人の考えらしい。むしろ、歴史を体現する存在である幽霊に親しみを感じ、価値を見出す向きすらある。たとえば、エリザベス2世とマーガレット王女が母親の幽霊を視たという話など、女王が週末をこの城で過ごした理由と無関係ではないかもしれない、とすら思えてしまう。

幽霊を恐れながらも尊重しようという英国人の姿勢からは、幽霊は歴史的事実に基づく存在であり、民衆の共感、同情、尊敬の念によってこの世にとどめられているものであるとする、彼らの幽霊に対する意識が見てとれる。

とはいえ、ウィンザー城に現れる霊の中にも、例外的に、人に害を及ぼす、あるいは不吉の象徴であるとされている幽霊はいる。たとえば、古くはシェイクスピアの作品にも登場する伝説となっている、狩人ハーンの幽霊である。

リチャード2世の時代、ウィンザー城の私有狩猟場の狩猟番だったハーンは、狩りの最中に雄鹿から主君をかばって傷を負い、魔術師[※12]に命を救われるが、引き換えに狩りの技術を失ってしまう。それに苦悩して彼はウィンザーの森のオークの木で首を吊り、以来幽霊となって猟犬を引き連れ、ウィンザー城外のグレート・パークを馬で駆けているという。その姿は、二百年以上にわたって繰り返し目撃されている。

ハーンはさまよう魂を集めてあの世へと導くとされる一方で、猟犬の声や走る音が聞こえたら急いで逃げなければ、鉢合わせすると永遠に続く狩猟の一団に加えられてしまうという話もある。

伝説では、ハーンが狩りの技術を失ったのは、その腕前を妬んだ同僚たちが

※12 ゾロアスター教の司祭とされる

魔術師と取引をしたためであり、その後同僚たちも狩りの技術を失い、幽霊となってハーンの狩猟団に加わることになったとされている。これらの話は興味深い内容ではあるが、どうにも神話的で、後付けの感がある。現実的には、狩猟中の事故で怪我をしたことがもとで狩猟の腕が衰え、それを苦にして自殺した……というところではないかと思うが、伝説によると、彼を救った魔術師は若鹿の角を傷ついたハーンの頭部にくくりつけ、彼をよみがえらせたため、幽霊となったハーンの頭には二本の枝角が生えているという。ここから、ケルト神話の獣神ケルヌンノスがハーンの伝説の起源ではないかという説もある（もう少し現実的なところでは、傷の痛みに正気を失ったハーンが雄鹿を殺し、その角を頭上に掲げて森の中を走り回った……という話もあるので、ハーンの幽霊に角が生えているのは、そこから来ているのではとも考えられる）。

1796年、ジョージ3世の時代に、ハーンが首を吊ったとされるオークの木は一度切り倒された。事故だった、とされているが、真相はわからない。不吉な幽霊の出没を止めようと考えて伐採されたのかもしれない。ハーンは王室の一員ではなく、一介の狩人であったから、その幽霊を排除することにも比較的抵抗は薄かっただろう。しかしそれで幽霊が出なくなることはなく、後にエドワード7世が代わりの木を植えるまで、ハーンの出現は続いたという。その後、実際の「ハーンのオーク」は別の木だった、という説が広がり、多くの人々がそれを信じた。こちらの「本物のハーンのオーク」とされた木も、1863年の嵐で倒れてしまったが、ヴィクトリア女王によって同じ場所に新たな木が植えられた。現在はまた別の場所に新たに植えられた木が「ハーンのオーク」と呼ばれていて、結局どれが本物のハーンのオークだったかは定かではない。現在残る「ハーンのオーク」は、本物か否かとは関係なく、ハーンを祀る人々の気持ちの証として存在しているのだろう。

ハーンの姿を視てしまうとよくないことが起きる、という説もあるが、国家や王室に何かあるときにはこのオークの木の陰にハーンが現れるという言い伝えもある（1931年の経済危機や1939年の第二次世界大戦勃発前にも姿を現したという）。彼を視たから悪いことがあるのではなく、彼は悪いことが起きると知らせるために出てきてくれているのかもしれない。

ウィンザー城内 セント·ジョージ礼拝堂に眠る王

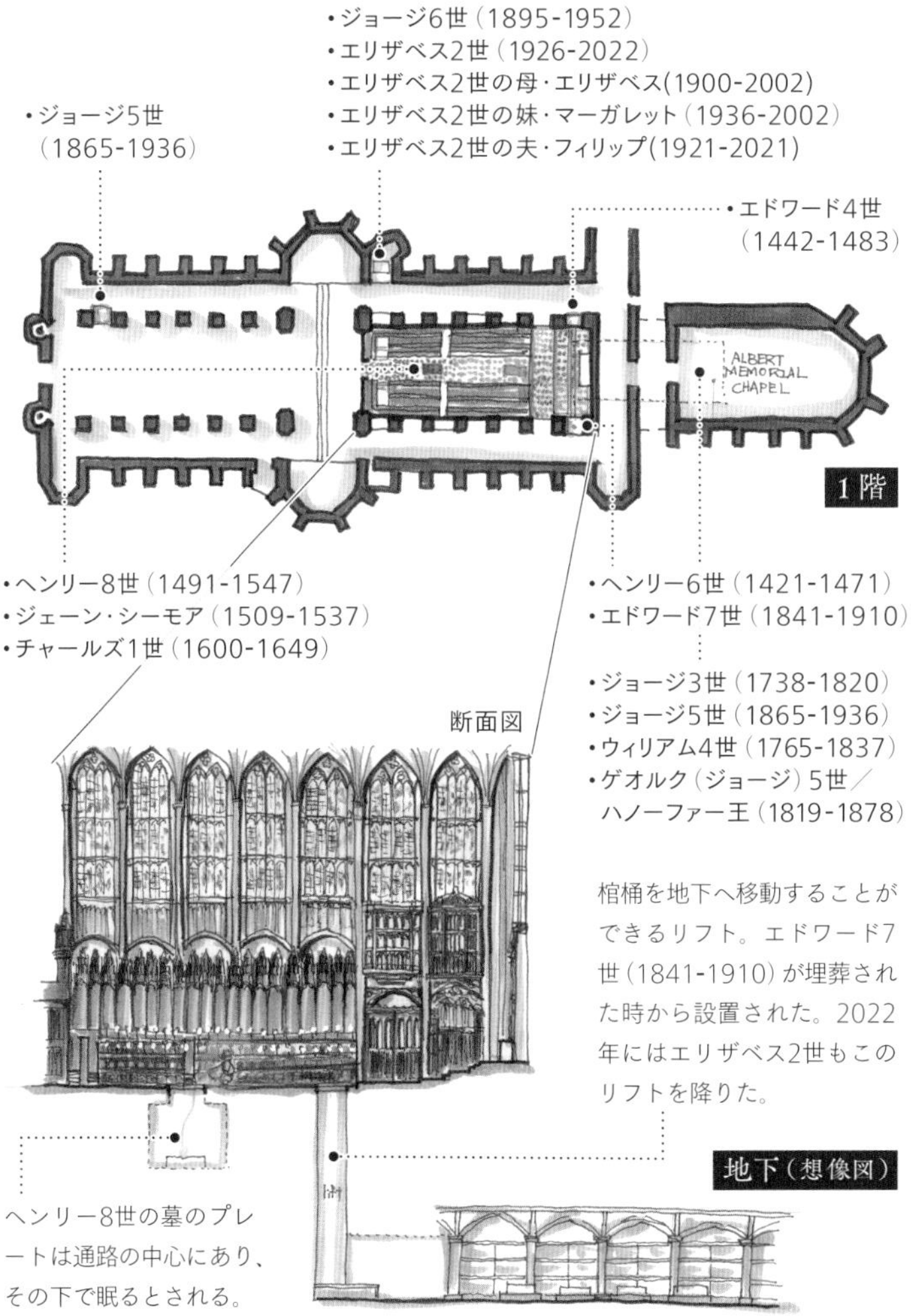

・ジョージ6世（1895-1952）
・エリザベス2世（1926-2022）
・エリザベス2世の母·エリザベス(1900-2002)
・エリザベス2世の妹·マーガレット（1936-2002）
・エリザベス2世の夫·フィリップ(1921-2021)

・ジョージ5世（1865-1936）

・エドワード4世（1442-1483）

ALBERT MEMORIAL CHAPEL

1階

・ヘンリー8世（1491-1547）
・ジェーン·シーモア（1509-1537）
・チャールズ1世（1600-1649）

・ヘンリー6世（1421-1471）
・エドワード7世（1841-1910）

・ジョージ3世（1738-1820）
・ジョージ5世（1865-1936）
・ウィリアム4世（1765-1837）
・ゲオルク（ジョージ）5世／ハノーファー王（1819-1878）

断面図

棺桶を地下へ移動することができるリフト。エドワード7世（1841-1910）が埋葬された時から設置された。2022年にはエリザベス2世もこのリフトを降りた。

地下（想像図）

ヘンリー8世の墓のプレートは通路の中心にあり、その下で眠るとされる。

セント・ジョージ礼拝堂の地下には多くの王たちが眠る。特にジョージ3世（1738-1820）以降の王族はここに埋葬された。2022年にはエリザベス2世も加わった。

DATA

ウィンザー城のデータ

Windsor Castle

ウィンザー城の起源は征服王ウィリアム1世（在位 1066－87）の治世期にさかのぼる。土を盛った「モット」と呼ばれる丘とその上に築かれた「ドンジョン」（城の最後の砦となる主たる城塔のこと）を中心に堀と土塁で囲われた「ベイリー」が展開する「モット・アンド・ベイリー」形式の城塞だった。

中央にモットが現存しており、その高さは約15メートルだ。これを「中郭」として、その左右に上郭と下郭が配されている。当初は木造だったが、ヘンリー2世（在位1154－89）の治世期に「ラウンド・タワー」（円筒形城塔）とよばれる石造のドンジョン（キープとも呼ぶ）に更新された。その外城壁とともに1170年頃のものだ。大きな拡張事業は、ヘンリー1世および同2世によってなされたが、本格的なものはエドワード3世（在位1327－77）治世期に実施された。すなわち、下郭（1528年にヘンリー8世によって完成）にセント・ジョージ礼拝堂、上郭に王のアパートメント（王の居室群）が建築された。尖頭アーチが特徴的な「ゴシック建築」だ。テューダー朝時代には、ヘンリー8世がウィンザーに宮廷を置くことが多くなり、エリザベス1世が「北のテラス」を増築した。エリザベス1世の治世期は、建築様式としてはゴシックからルネサンスへの過渡期にあたり、英国では「エリザベス1世様式」と呼ぶこともある。

ウィンザー城の間取り〈1700年頃〉

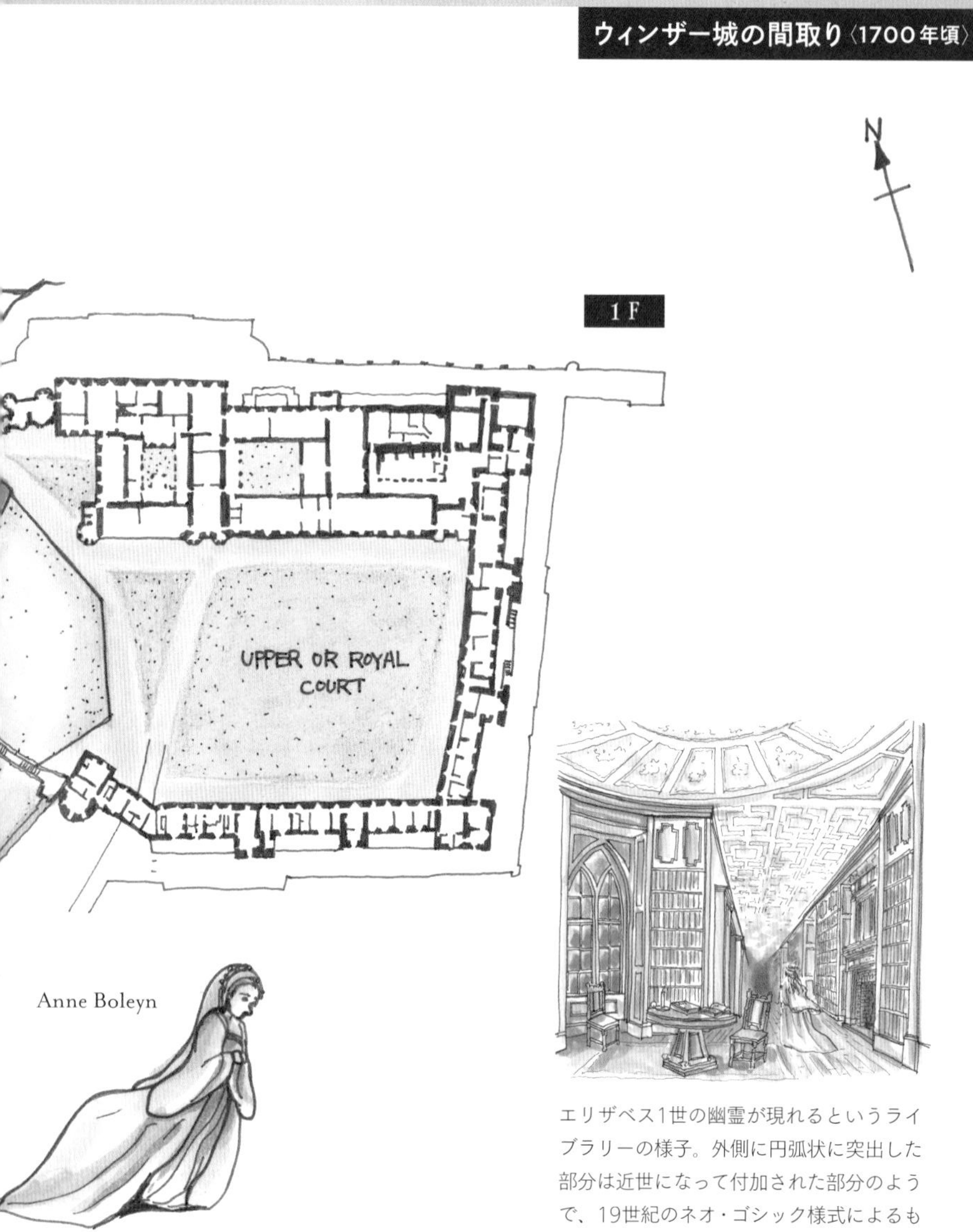

エリザベス1世の幽霊が現れるというライブラリーの様子。外側に円弧状に突出した部分は近世になって付加された部分のようで、19世紀のネオ・ゴシック様式によるものと思われる。

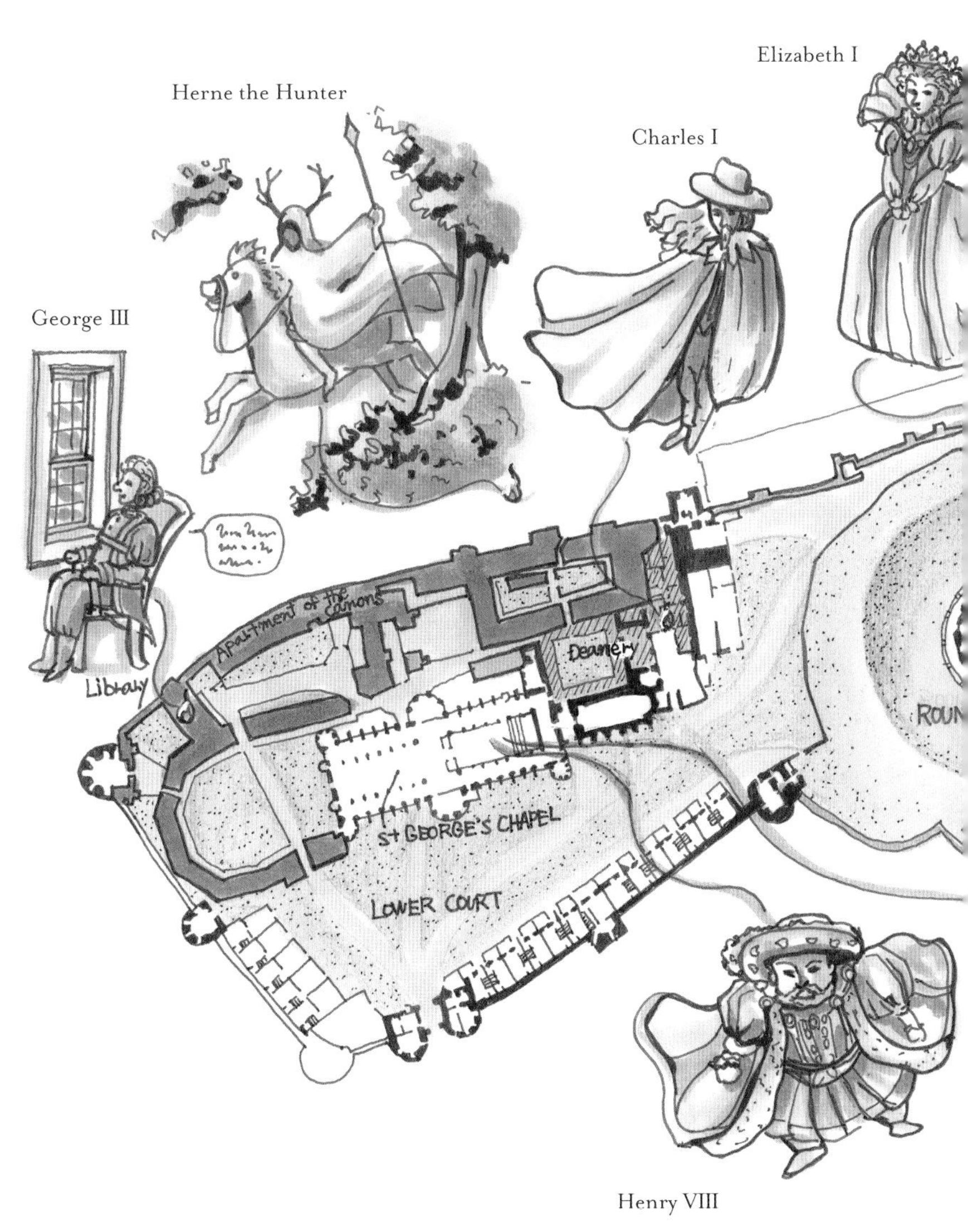
Elizabeth I
Herne the Hunter
Charles I
George III
Apartment of the canons
Deanery
Library
St GEORGE'S CHAPEL
LOWER COURT
Henry VIII

KIMBOLTON CASTLE

キンボルトン城と キャサリン・オブ・アラゴン

東側ファサードには神殿正面風のポルティコ（柱廊）があるが、ヴァンブラ（1664−1726。イギリスの建築家・劇作家）のデザインか否かは定かではない。このデザインは17世紀に英国で流行したパラーディオ主義的なものとも18世紀の新古典主義的なものともみなしうるだろう。

現在のキンボルトン城の姿

ヴァンブラは「城のような雰囲気」を醸し出すために中世風の鋸歯（きょし）形パラペットをファサード上端に加えた。彼はさらに他の三方のファサードも同様のデザインに改築した。

Case1で、ウィンザー城に現れる幽霊の一人として登場したヘンリー8世[※1]は、6回も結婚をしたことで知られているが、その最初の妻が、キャサリン・オブ・アラゴン[※2]、通称カタリナである。

ヘンリー8世の妻たちの多くが幽霊となって、彼と同じウィンザー城や、ハンプトン・コート宮殿、ロンドン塔などで目撃されている。しかし、カタリナは、ヘンリー8世や他の王妃たちとは別の場所、幽閉されていたケンブリッジシャーのキンボルトン城にのみ現れるようだ。

夫に疎まれ幽閉されることになっても、彼女は国民に慕われていた。彼女の死後も、キンボルトン城近隣に住む人々はカタリナの幽霊に敬意を持って接している。

冷遇されて無念の死を遂げたカタリナが死後も人々の同情と尊敬を集めているのは、ひとえに、生前の彼女が、そのような扱いにふさわしくない素晴らしい王妃だったからだろう。彼女は摂政としても有能で、祖国スペインを捨てて英国王妃としての役目をまっとうしただけでなく、王が他の女性に心を移した後も、慈善活動や教育の支援を行うなど、イングランドのために尽力した。

カタリナは、スペインを統合し共同統治していた両親[※3]の間に生まれた末の王

※1
1491-1547
（在位1509-47）。
テューダー朝の英国王

※2
1485-1536。
スペイン生まれの王妃

※3
フェルナンド2世とイサベル1世

女であり、スペインとイングランドの関係強化のため、1501年11月、15歳でイングランドに嫁いだ。結婚の相手は、ヘンリー7世の長男、アーサー王太子だったが、生来病弱だったアーサーは結婚からわずか一年足らずで急逝してしまう。このような場合、通常は子どものいない若い未亡人は祖国へ帰されるのだが、両国の王の政治的な思惑で、彼女はアーサーの弟ヘンリー8世との結婚を前提にイングランドにとどまることとなった。

カタリナとアーサーの間には肉体関係がなかったとされている。兄弟の妻と肉体関係を持つことは旧約聖書のレビ記により禁じられていたが、夫婦の間に子どもがいなかった場合は例外的に再婚できた。1503年6月23日にヘンリー8世とカタリナの婚約は成立し、婚約当時11歳だったヘンリーが15歳になったときに婚礼を行うことが決まった。もとは義弟であったヘンリー8世が婚約者になったわけだが、彼らはよい関係を築いていたようだ。しかし、アーサーの死後、何年もの間、カタリナは再婚もかなわず、辛い立場に置かれることになる。

「アーサーと夫婦関係がなかった」ということを理由に、ヘンリー7世はカタリナを寡婦として扱わず、金銭的援助をしなかった。彼女は経済的に困窮し、病気がちになったという。しかもヘンリー7世は、カタリナをイングランドに留め置きながら、結局、ヘンリー8世と彼女の結婚を許可しなかった。カタリナの母イサベル女王が死去し、スペインが以前のような力を失っていたという政治的な理由に加え、レビ記のタブーに触れるとしてだったが、この行動は、アーサーの妻ではなかった前提で彼女に寡婦財産や生活費を渡さなかった事実と矛盾する。

実はヘンリー7世は、1503年に妻を亡くした後、同じく夫のアーサーを亡くしたカタリナを後妻にしたいとスペイン側に申し出、イサベル女王を激怒させている（ヘンリー8世との婚約が決定したのはその直後のこと）。カタリナへの仕打ちは、振られた腹いせだったのではないか、と邪推してしまう。しかし、息子のヘンリー8世は、カタリナと結婚したいという気持ちをずっと捨てずにいたようだ。六つ年上の彼女に彼が魅力を感じていたらしいことは、当時の手紙等からうかがえる。1509年4月21日にヘンリー7世が崩御し、ヘンリー8世が即位すると、彼は父親の喪も明けないうちに、強引に結婚式を挙げる。立会人は一人だけだったというから、準備が整うのを待たず、とにかく早く結婚したい、という思いがあったのだろうか。このときカタリナは24歳、ヘンリー

8世は18歳だった。

その後カタリナは6回妊娠したが、死産と流産を繰り返し、後に英国女王となるメアリー[※4]以外の子どもは育たなかった。ヘンリー8世は、どうしても男児がほしかったようだ。国王が戦場へ赴くのが当たり前という風潮があったことも影響しているのだろう、当時、英国では女王は認められていなかったから、こういった考えについては、ヘンリー8世が特殊だったわけではない。

1511年2月、カタリナが産んだ男児が生後二か月もせずに亡くなったころから、ヘンリー8世は複数の愛人を作るようになった。娘のメアリーが生まれてからも、夫婦の間には距離があったようだ。カタリナとの間に男児が生まれない、育たないのは兄アーサーの怨念ではないか、あるいは、兄の妻と結婚した者は呪われるという聖書の教えを破った罰ではないかと、ヘンリー8世は考えたという。

1527年6月、ヘンリー8世はカタリナに離婚の意思を伝えるが、カタリナは応じなかった。離婚を画策するヘンリー8世に対して、周囲の目は冷ややかだったそうだ。カタリナは政治的に優れた手腕を発揮し、慈善活動や教育の支援にも熱心で、人々の尊敬を集めていた。

※4
1516－58。英国女王メアリー1世（在位1553－58）

このころ、メアリー・ブーリンとアン・ブーリン[※5]の姉妹がカタリナの侍女になった。姉メアリーはこの時点で、ヘンリー8世の愛人として二人の庶子を産んでいた。そして妹アンは後にヘンリー8世の二人目の王妃となり、カタリナを王妃の座から追い落とす女性である。そうとは知らないカタリナは、フランスからイングランドに戻ったばかりで環境になじめずにいたアンを気にかけ、親切にしたという。

1531年夏頃、カタリナはヘンリー8世と別居させられる。ヘンリー8世は完全にアン・ブーリンと結婚するつもりでいた。ローマ教皇は離婚を認めていなかったが、ヘンリー8世は法改正を行い、1534年にはイングランド国教会を創設して自らその長となり、ローマ教皇庁から独立。イングランド国教会大司教に命じてカタリナとの婚姻の無効を宣言させた。あれだけ望んでカタリナとの結婚を強行したというのに、身勝手なものである。ヘンリー8世との別居後、田舎の小城を転々とさせられていたカタリナは、同年5月、キンボルトン城に軟禁されることになる。

ヘンリー8世と妊娠中のアン・ブーリンは1532年11月14日、極秘に結婚し、1533年4月12日、それを公表した。つまりヘンリー8世はカタリナと

※5
1507－36。英国王ヘンリー8世の2番目の妃

の婚約無効が宣言される前に、アン・ブーリンとの結婚を強行していたということだ（しかもヘンリー8世には、この頃、アン・ブーリンとはまた別の愛人もいたようだ）。アン・ブーリンが妊娠していた子どもを庶子にしないための措置だったのだろうが、カタリナに対する情にも世間に対する配慮にも欠けるこの行動からは、父王の喪も明けないうちにカタリナとの結婚を強行したときと同じで、欲しいものを我慢しない、ヘンリー8世の子どもじみた一面が見てとれる。

カタリナとヘンリー8世との結婚が無効となったことで、娘のメアリーは庶子扱いとなった。カタリナは娘との面会も文通も許されず、厳重な監視下に置かれ、慈善活動や、村人との交流もできなくなった。それでも、監視役の貴族のはからいで、教会での礼拝に参加することができていたというから、彼女には、人々に味方になりたいと思わせるような魅力があったのだろう。カタリナがキンボルトン城に軟禁されて以降も、近隣住民は彼女をクイーン（王妃）と呼び、慕ったという。

1536年1月7日、カタリナは癌のため、キンボルトン城で崩御する。51歳だった。葬儀についてはヘンリー8世から、目立ったことはしないようにとの命令があり、メアリーの参列も許されなかった。しかし、命令を無視して

500人もの国民たちが参列し、キンボルトン城から40キロ先の埋葬場所までかわるがわるカタリナの棺を担いだとされている。

カタリナ自身は婚姻の無効を決して認めず、亡くなる数日前に国王に宛てた手紙にも、「イングランド王妃」と署名している。

さて――カタリナを王妃の座から追い落としたアン・ブーリンは、王妃になってすぐに、後の女王エリザベス1世となる娘を出産したが、男児を欲していたヘンリー8世は失望したそうだ。その後アン・ブーリンは男児を妊娠するも、流産する。これがきっかけで、彼女はヘンリー8世の寵愛を失ったと言われている。アン・ブーリンが流産したのは、カタリナが埋葬されたその日のことだったとされていて、人々は、流産をカタリナの祟りだと噂した。

そしてヘンリー8世は、また別の女性――アン・ブーリンの侍女だったジェーン・シーモア※6と恋愛関係になる。王妃の侍女から王妃に成りあがったアン・ブーリンが、今度は自分の侍女に追い落とされるとは、皮肉な話である。カタリナと同じく離婚に応じなかったアン・ブーリンは不貞や国王への反逆の罪を着せられて、1536年5月――カタリナの死から4か月後――ロンドン塔で処刑された。

※6 1509―37。英国王ヘンリー8世の3番目の妃

アン・ブーリンが処刑されたそのとき、ピーターバラ大聖堂に埋葬されていたカタリナの霊廟のろうそくがいっせいに灯った、と伝えられている。これはなかなかに怖い話だ。いっせいにろうそくが点灯するとは、まるで、快哉を叫んでいるようではないか。親切に接した自分の侍女に追い落とされ、無念のうちに死んだ王妃が、その憎い相手が同じように王妃の座を奪われて処刑されたことを喜んでいる——それを想像すると、ぞっとしてしまう。カタリナが知的で凛として人々に慕われる王妃であったという印象が強い分、なおさら怖い（霊廟のろうそくは、儀式の最中にいっせいに消えることもあり、ヘンリー8世は30人もの調査団を送って霊廟を調べたが、原因はわからなかったという）。

しかし、キンボルトン城で見られるカタリナの幽霊は、青白い顔をしているものの、静かで無害な存在のようだ。

かつて彼女が住んでいた建物は現在、学校となっているが、今も室内を歩きまわったり、自室の窓から外を眺めたりする彼女の姿が目撃されている。学校が出している公式ガイドにも彼女の幽霊に関する記載があり、学生たちを含む近隣の人々は、敬意を持って彼女に接している。

キンボルトン城の改築により、彼女の生前とは二階の床の位置が変わった

（床が高くなった）ため、上半身だけが二階に現れ、ドレスを着た下半身、裾の部分は一階の天井から下に出ている状態で現れるという話もある。なんだか可愛らしさを感じて、想像するとちょっと楽しい。

少なくともキンボルトン城にいるカタリナの霊は、誰かを恨んだり呪ったり、苦しんだりしているわけではなさそうだ。カタリナを慕っていた人々が、心優しく穏やかな彼女の姿を記憶していて、死後もそうであることを望んでいるからかもしれない。

ピーターバラ大聖堂

DATA

キンボルトン城のデータ

Kimbolton Castle

キンボルトン城の起源は、ウィンザー城（Case1）と同じく、ノルマン朝の時代まで遡るが、当時の城が建っていたのは現存する城館の敷地ではなかった。その後、13世紀初めにエセックス伯ジェフリー・フィッツピアーズの領するところとなり、現位置に城が営まれたというが、これも現存しない。現存する城館は、1520年代に城主だったウィングフィールド家によって建てられた城館が元になっている。英国における後期ゴシック建築の一種とみなされるテューダー朝様式のマナーハウス（荘園邸宅）だ。当時

の建築物の一部が「赤の間」と呼ばれる部屋の壁面のガラスパネルの背後、とりわけ、礼拝堂付近にみられる。

1615年、初代マンチェスター伯爵ヘンリー・モンタギューが城館を購入し、以後、1950年に手放すまでモンタギュー家が受け継いでいった。現存する城館は、第4代マンチェスター伯爵チャールズ・エドワード・モンタギュー（1719年に初代マンチェスター公爵となる）によって1690年から1720年にかけて整備されたものだ。これらは建築家ヘンリー・ベルの設計でウィリアム・コールマンによって建築された。まず手がつけられたのは、1690年から1695年にかけて再整備された中庭であり、主階段が増設された。かつてのグレイト・ホールは分割されて「白のホール」と「赤の間」が整備された。その後、城館の南東隅の「緑の間」のあたりが崩落し、1707年に南側ファサードの再建事業が始まった。これを手掛けたのは英国バロック建築の代表的な建築家ジョン・ヴァンブラとニコラス・ホークスムーアである。

キンボルトン城の間取り〈1700年頃〉

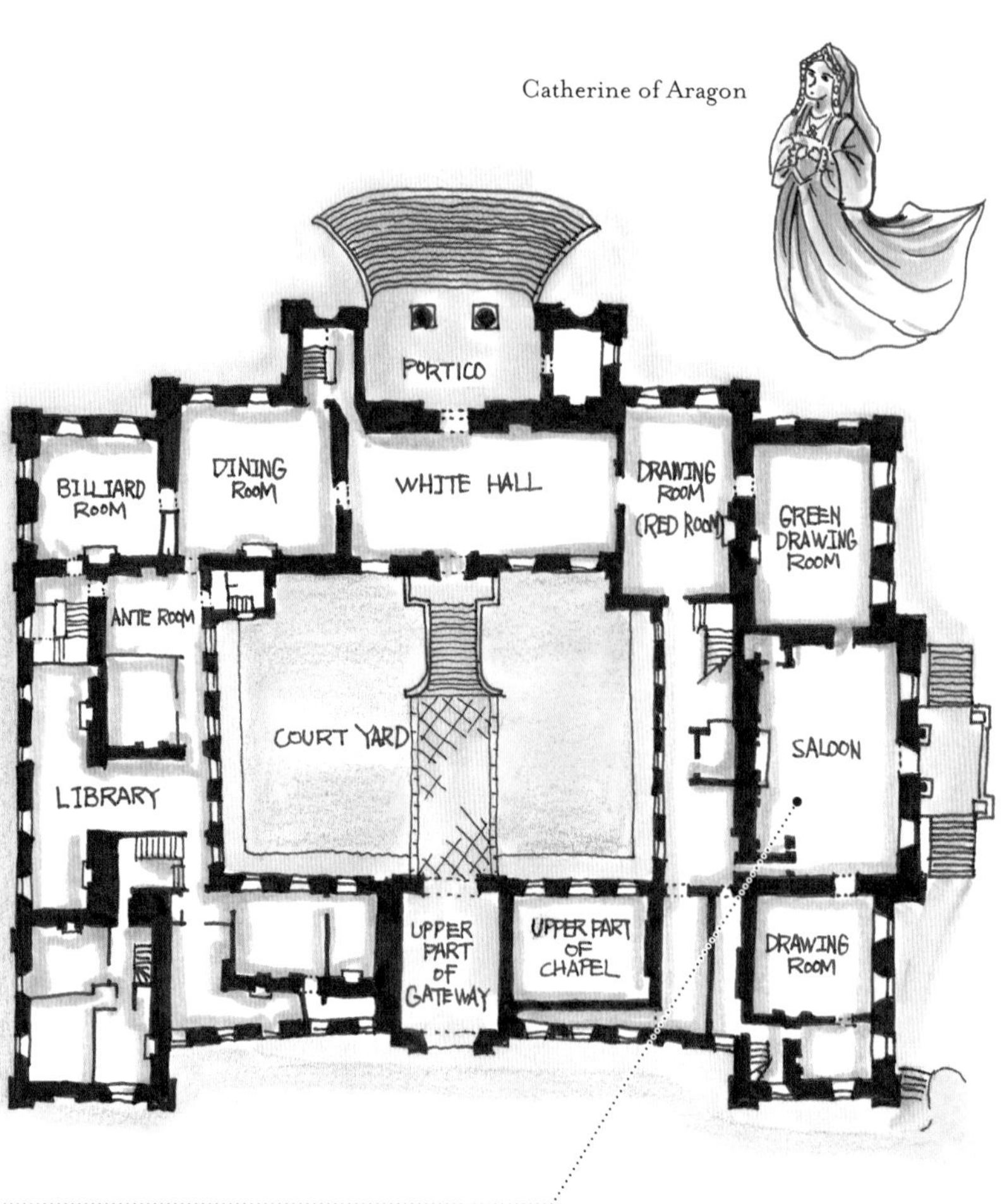

1 F

1階のサロンから下半身だけ見えているカタリナの姿。彼女がキンボルトン城の一室に幽閉されたのは1534年5月のことだ。その部屋は城館の南西隅にあったというが、現在の内装は18世紀以降のものである。彼女の死後、16世紀半ばにバッキンガム公未亡人アン・スタッフォードによって中庭で増築が実施された。

TOWER OF LONDON

ロンドン塔に囚われたものたち

ヘンリー2世(1133–89)はドンジョンの外壁全体に白漆喰を塗り、礼拝堂にステンドグラスを増設した。この外壁面の仕上げが「白の塔」という名称の由来である。「白の塔」は数世紀間、王宮の一部として機能し、ドンジョンとしてはヨーロッパ最大級だ。

現在のロンドン塔の姿

ロンドン塔の歴史は古い。そして、血なまぐさい。

塔といっても、その敷地は広大で、最初に建てられたホワイト・タワー（建設された当初は漆喰で白く塗られていた）、囚人たちを収容するビーチャム・タワー、ブラッディ・タワー、斬首台のあるタワー・グリーンに礼拝堂といった複数の棟や施設から成るが、そのすべてに、塔で死んだ者たちの幽霊が出没すると言われている。

もとは、1078年にウィリアム1世[※1]が要塞として建築したものだが、1100年にはすでに監獄として使われていたという。後にヘンリー3世[※2]が大規模な改築を行い、囲郭内の面積を倍にまで大きくし、この場所を常設の牢獄として使うようになった。

その後も歴代の王による改築は続き、ヘンリー7世とその息子8世も、塔内の居室棟を大幅に改築して居住していた。この親子はロンドン塔を王宮として使用した最後の英国王とされていて、ヘンリー8世はここに滞在するのがお気に入りだったという。

その一方で、ヘンリー8世の治世の間、彼の二人の王妃、アン・ブーリンとキャサリン・ハワードを含む多くの人間がロンドン塔に投獄され、処刑されて

※1
1028頃－87（在位1066－87）。ノルマン朝初代の英国王

※2
1207頃－72（在位1216－72）。プランタジネット朝の英国王

いる。監獄であり処刑場であったこの場所に幽霊の噂が絶えないのは当然で、書ききれないほどの幽霊譚が伝わっているが、中でも一番有名なのはやはり、ヘンリー8世の二番目の王妃、アン・ブーリンの幽霊だ。

アン・ブーリンは、ヘンリー8世の二番目の妻である。国民の人気の高かった王妃カタリナを追い落として王妃の座についたことから悪女のように思われがちだが、カタリナ妃の侍女であったアンのほうから、王妃の座を狙ってヘンリー8世を誘惑したとは考えにくい。ヘンリー8世はアンと結婚する前、彼女の姉メアリー・ブーリンと愛人関係にあり、二人の子どもを産ませた後にメアリーを捨てている。捨てられた後、下級貴族のもとへ嫁ぎ貧しい暮らしを強いられていた姉を見ていたアンが、王に愛されようと野望を抱く理由がない。彼女はフランスへの留学経験もあり、知的で教養の高い女性だった。

その証拠にアンは6年もの間、ヘンリー8世を拒み続け、一度は宮廷を辞して実父の領地に逃げ帰ることまでしている。しかしヘンリー8世は彼女を追いかけ、口説き落とした。アンは、寵姫ではなく正式な王妃にしてくれるなら、という条件でヘンリー8世を受け容れたとされている。ヘンリー8世がアンを見初めてから彼女が王妃になるまで、10年近くかかっている。

しかし、アンが産んだ最初の子どもは女児（後のエリザベス1世）だった。ヘンリー8世は、最初の王妃カタリナ妃が男児を産めなかったことからアンに心変わりしたとされていて、王妃としてのアンの立場は、男児出産を期待されてのことだったため、彼女が男児を産めないとなると、その立場は危ういものになる。アンはその後も妊娠したが、流産し、ヘンリー8世は当然のごとく、他の女性たちに心を移し始める。成り上がり貴族の娘だったアンには、カタリナのような後ろ盾はなく、新たな妻を迎えるためにアンを排除することは、カタリナのときよりも容易だった。カタリナが亡くなり埋葬されたその日に、アンは二度目の流産をする。これが決定打となり、ヘンリー8世は彼女を見限ったのか、流産からわずか4か月後、アンは姦通罪等で逮捕された。彼女は実弟を含む国王の近侍たちと淫蕩行為に耽ったとされ、相手とされた男性たちともども有罪とされたが、王の求愛にも6年間なびかずに貞操を守った彼女が、不貞が知られれば処刑されるとわかっていてこのような行為に及ぶとは考え難い。しかし、アンは弁明も許されずロンドン塔で斬首され、葬儀もされないままに埋葬された。

彼女が斬首される前にとらわれていたというベルタワーからは、タワーヒルに設置された処刑台がよく見えたという。彼女は処刑までの日々をどんな思いで過ごしたのだろうか。

彼女の幽霊は、ロンドン塔内のさまざまな場所で目撃されているが、特に王室礼拝堂の前に位置するタワー・グリーン――彼女はこの場所で処刑されている――の芝庭で目撃されることが多いようだ。ときには、首のない姿で徘徊することもあるという。

1864年、タワー・グリーンに面して建つクイーンズ・ハウスで衛兵に目撃されたという話は、1864年に開かれた軍法会議の議事録にも残っているし、そのほか、ホワイトタワーの王室礼拝所で堂々と行列を引き連れて歩いていたという話や、遺体の埋葬されているセント・ピーター・アドヴィンキュラ教会での目撃談もある。

ここまでは、ロンドン塔内での目撃談だが、彼女はロンドン塔以外の場所にも、たびたび出現している。かつて王妃として過ごしたウィンザー城やハンプトン・コート宮殿、子ども時代を過ごしたブリックリング・ホール、実家であり一時の居城であったヒーヴァー城など、多くの場所で目撃されている。彼女が裁判にかけられ死刑を宣告されたランベス宮殿の地下ホール（裁判が開かれた場所）で、ドアごしに無実を訴えるアンの声が聞こえるとか、ここからロンドン塔へ移送するための小舟に乗り込む姿が見られるとかいう話もある。

ゆかりのある場所ほぼすべてに彼女の幽霊が現れると言うことは、それだけ、彼女がこの世に未練を残していたか、少なくとも国民にそう思われていたということだろう。

生前は悪女として国民から嫌われていたアン・ブーリンだが、言いがかりとしか思えない姦通罪で王妃の座を追われ処刑されることになると、国民は彼女に同情した。処刑される際、アンは毅然とした態度で処刑台へ上り、王妃にふさわしい最期だと称賛された。また、彼女がヘンリー8世へ残した遺書には、自分が無実であることや、娘を大切に育ててほしいという願いが書かれていたという。国民の、身勝手な王への反発と、その犠牲となった彼女への共感が、アン・ブーリンを国中に出現する幽霊にしたのではないだろうか。

驚くべきことに、アン・ブーリンの幽霊は、処刑の翌日にはすでに目撃されていたという。いくらなんでも早い気がするが、彼女を断頭台へ送ったヘンリー8世は、処刑当日、狩りを楽しんでおり、その翌日には新しい恋人ジェーン・シーモア（アンの侍女である）と婚約式を行い、10日後には結婚式をあげているから、アンが処刑翌日にはやばやと幽霊となって現れた気持ちもわかる気がする。

カタリナ妃の侍女であったアンがカタリナを追い落として王妃となったように、アンの侍女であったジェーン・シーモアがアンの次の王妃になったことには因果を感じる。彼女も、アンと同じように、王の求愛に対し、「王妃にしてくれるのなら」と条件をつけたと言われている。

ジェーン・シーモアは、庶子扱いとされていたカタリナ妃の娘メアリーの復権を国王に願い出るなど、心優しい女性だったというが、男児を出産してまもなく亡くなり、これはアンの呪いであると噂された。アンの流産が、カタリナの呪いであると噂されたように。この場合、どう考えても、恨まれるべきはヘンリー8世であるように思えるのだが……。

なお、アンの従姉妹であり、ヘンリー8世の5番目の妻となったキャサリン・ハワード[※3]もアンと同じタワー・グリーンで処刑されているが、彼女はロンドン塔で目撃されたという話は聞かず、もっぱら、彼女がヘンリー8世と二人で過ごした場所であるハンプトン・コート宮殿で目撃されているようだ。

ロンドン塔に現れる幽霊のうち、同じくヘンリー8世に処刑された女性とし

※3
1522頃－42。英国王ヘンリー8世の5番目の妻

て、アン・ブーリンに続いて有名なのは、プランタジネット王家の最後の姫君であり、ソールズベリー伯爵夫人であったマーガレット・ポール[※4]だろう。彼女はヘンリー8世と最初の王妃カタリナの娘であるメアリー（後の女王メアリー1世）の家庭教師だったが、ヘンリー8世がカタリナを離別した後、私権を剥奪され、処刑された。メアリーが新妻のアンを憎み反抗したことから、教育に問題があったとして、家庭教師のマーガレットが責任を問われたとも言われているが、実際のところは、大司教であったマーガレットの息子がヘンリー8世とカタリナの離婚に反対し、ヘンリー8世の宗教政策を非難したことなどが理由だろう。その背景には、彼女がヘンリー8世らチューダー王家により廃された、プランタジネット王家の血縁者だったことがあると考えられる。いずれにしろ、罪なくして処刑されたといえる。

マーガレットの霊は、毎年、命日である5月28日の夜、タワー・グリーンに現れるという。英国の幽霊は、その多くが、姿を現しても無言だが、彼女は、断末魔の声とともに建物内を駆けまわるとされている。よほどのことがなければ、このような霊にはなるまい——と思うが、よほどのことがあったのである。70歳近い年齢でロンドン塔に送られた彼女は、処刑台の上で悲鳴をあげて

※4 1473−1541。英国貴族

死刑執行人から逃げ回り、痛めつけられ、最終的には無理やり押さえつけられて首を斬られたという。由緒正しい王朝の血を引く伯爵夫人としては、あまりに悲惨な最期である。

このほか、マーガレットにまつわる心霊現象としては、彼女が処刑される際、斬首人が斧を振り回して逃げる彼女を追いまわし、傷を負わせた際の光景を再現するかのように、タワーグリーンを斧の影が横切り、ホワイトタワーの壁に浮かび上がるという話もある。

マーガレット自身の強い無念の思いのせいか、多くの国民たちが彼女に同情したからか、彼女の幽霊もまた――アン・ブーリンと同じように――かつて住んでいたハンプシャーのウォブリントン城など、英国内の様々な場所で目撃されている。首のない姿で現れることもあるというが、彼女の幽霊は、やはり、恐れられるというよりは、地元の人々に尊敬され、愛されているようである。

血塗られた逸話に事欠かないロンドン塔では、ほかにも、数えきれないほどの幽霊が目撃されている。死体をのせた担架を運ぶ兵たちが行進しているなど、名もない幽霊たちの目撃談や、変わったところでは、マーティンタワー[※5]で熊の幽霊が目撃されたという話もある（ロンドン塔にはかつて王立動物園があり、熊

※5　数百年間、王室に伝わる宝石を保管していた塔

もとらわれていたという記録がある。衛生状態はよくなく、つながれた熊に大型犬をけしかける見世物が流行した時期もあったというから、熊が幽霊になったとしても不思議はない）が、名前のわかっている有名人の幽霊だけでも、片手の指では足りない。アン・ブーリンの兄弟でありながら、彼女と不貞の関係があったとされ、幽閉された後残虐な方法で処刑されたジョージ・ブーリンは、恐ろしい形相でマーティン・タワーに現れるというし、ウェイクフィールド・タワー※6には、かつてここに幽閉され、礼拝堂で何者かに殺害されたヘンリー6世の幽霊が出るという。ヘンリー8世の死後、9日間だけ女王として在位した後、16歳の若さで処刑されたレディ・ジェーン・グレイ※7の幽霊は、今でも、幽閉されていたビーチャム・タワーなど、塔内のさまざまな場所で、白いドレスを着て歩き回る姿を目撃されている。エリザベス1世の廷臣であり、反逆罪で13年もの間ロンドン塔に幽閉された冒険家サー・ウォルター・ローリーは、最期はウェストミンスター宮殿の広場で処刑されたが、彼の幽霊は長く幽閉されていたブラッディ・タワーに現れるとされる。彼は囚人にしてはかなり厚遇され、幽閉されている間も、城壁の上を散歩したり、城外の人たちに手を振ること等、ある程度の自由は認められていた。彼が散歩していた城壁の上の道は「ローリーの散

※6
ヘンリー3世が居室として建設した

※7
1537－54（在位1553年7月10－19日）。テューダー朝の英国女王

歩道」と呼ばれ、今でも、ローリーの散歩する足音が聞こえることがあるという。

「ブラッディ・タワーには、ミレイの絵画「塔の中の王子たち」にも描かれた少年王エドワード5世[*8]と、その弟、ヨーク公リチャード(1473-83)の二人の兄弟(国王エドワード4世の息子)のゴーストが出るといわれている。エドワード5世は1483年、父王の死後すぐに即位したが、叔父であるグロスター公リチャード(後のリチャード3世)によって、庶子であるとして王位継承権を剥奪され、弟とともにロンドン塔に幽閉された。その夏までは、塔の庭で二人が遊ぶ様子や、窓から外を眺めている様子が目撃されていたが、やがてその姿は見られなくなった。シェイクスピアの戯曲の影響もあって、リチャード3世が王子たちを殺したという説が市中に広まり、ロンドン塔ツアーのガイドでもそう語られているが、現在は、むしろ、リチャード3世の跡を継いだ息子のヘンリー7世が殺したとする説のほうが有力である。1674年、チャールズ2世の時代にホワイト・タワーの階段を再建していた際、塔の下で二人の子どもの骨が発見された。後に骨はウェストミンスター寺院に納められ、1933年の調査により、絞殺された14歳と10歳前後の子どもの遺骨だと鑑定された。骨壺

※8 1470-83(在位1483年4月9日-6月25日)。ヨーク朝の英国王

には動物の骨も混ざっていたそうで、王子の骨だと証明されたとまでは言えないが、この骨が発見されて以降、ブラッディ・タワーでは幼い王子たちの幽霊が目撃されるようになった。彼らは白い寝間着姿で手をつないで現れるという。彼らの魂が、監禁されていた場所からまだ出られていないのだとしたら悲しい。しかし、少なくとも、兄弟は今も二人一緒にいるようだ。

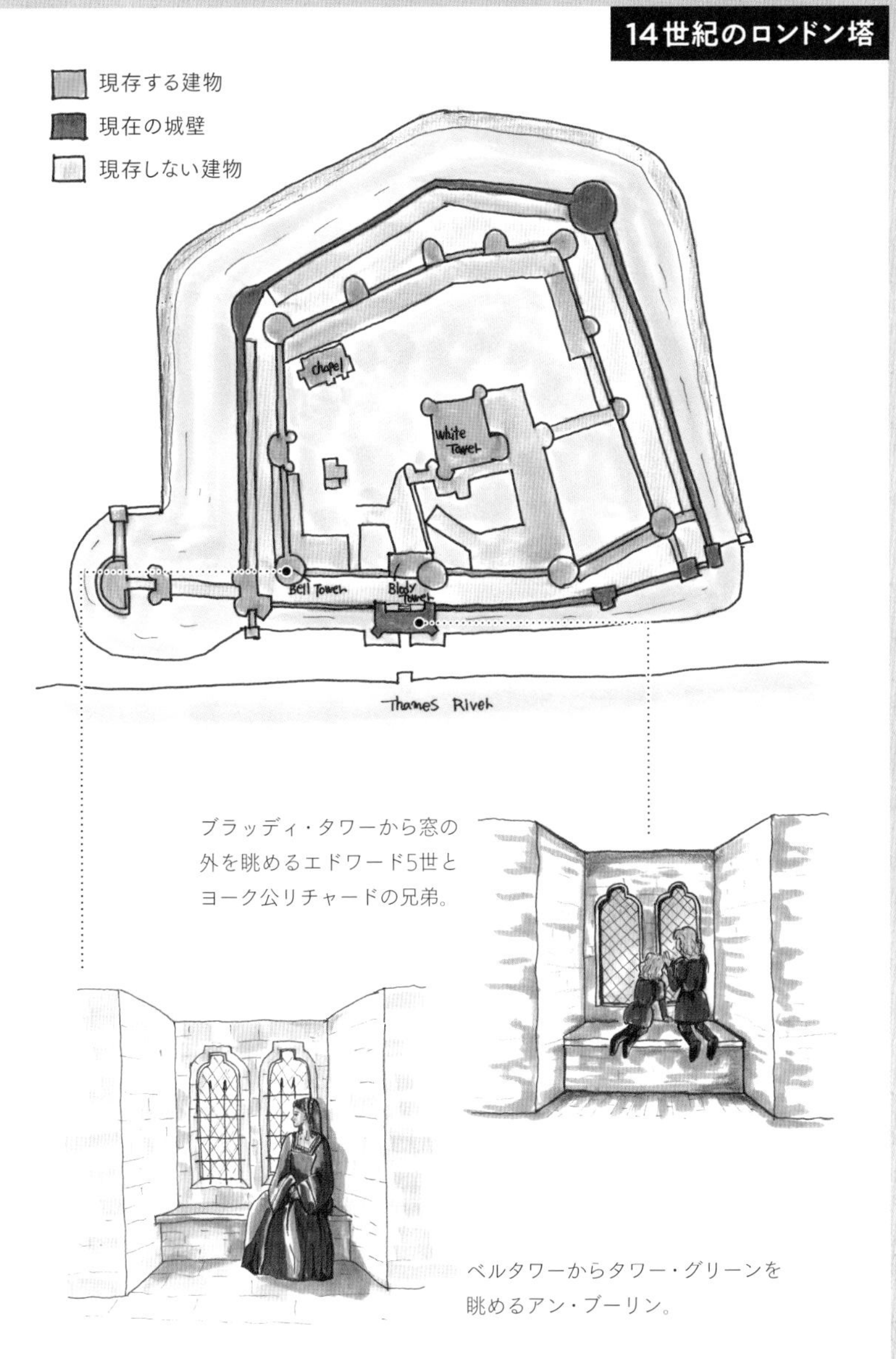

ブラッディ・タワーから窓の外を眺めるエドワード5世とヨーク公リチャードの兄弟。

ベルタワーからタワー・グリーンを眺めるアン・ブーリン。

DATA

ロンドン塔のデータ

Tower of London

ロンドン塔の起源は、古代ローマ時代のロンドンの囲壁の南東隅に征服王ウィリアム1世（1027－87）によって建築された城郭である。赤王ウィリアム2世（1056－1100）の治世期、この城郭の内側にドンジョンとして「白の塔」（ホワイト・タワー）が増築された。狭義の「ロンドン塔」はこの部分にあたる。

このドンジョンは完全な長方形平面ではなく、直角になっていたのは一つの隅部だけだった。各辺の長さは30メートル強だが、正確に同じ長さの辺はまったく存在しない。内部は仕切り壁によって大小二つの部分に分割されている。通常のドンジョンの入り方と同様、入口のある地上階から外階段と前棟を通って2階に上るようになっていた。このドンジョンの低層階の城壁の厚さは約4.5メートル、4階建てで高さは約27メートルだった。階段室は隅部に設けられた。ドンジョン東側の壁体内部にはセント・ジョン礼拝堂がある。

ヘンリー3世（1207－72）の治世期に、現在の内郭の囲壁が13棟の城塔とともに建築された。さらにその子エドワード1世（1239－1307）が現在の外郭を増築している。外郭の囲壁は大規模な堀で囲われ、この堀によってテムズ川からも隔てられている。さらにエドワード1世は主たる堀の、川から遠い場所に独自の跳ね橋と堀を備えたバービカン（城門前に突出した防禦施設）を建築した。広義の「ロンドン塔」はこれらの城郭全体を指す。こうして、「ロンドン塔」は「白の塔」を中心とした多重環状囲壁を備えるに至った。

ロンドン塔の間取り〈現在〉

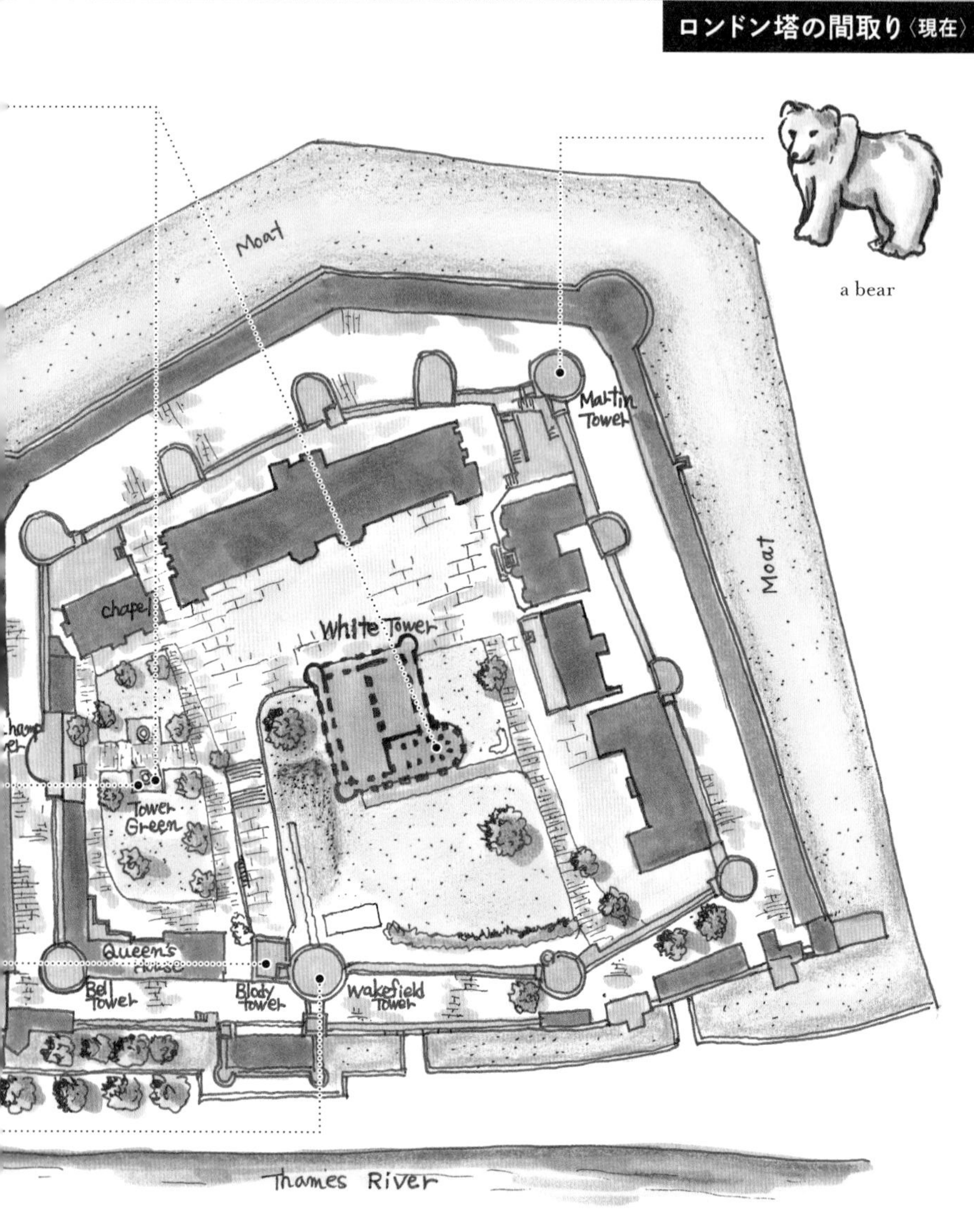

a bear

ホワイト・タワーの王室礼拝堂で、行列を連れて歩くアン・ブーリンの幽霊。彼女に従うのは侍女たちだろう。

SPECIAL CASE 1

ラドロー城

LUDLOW CASTLE

現在のラドロー城の姿

イングランド西部、ウェールズとの国境にあるラドロー城は、現在は廃墟であるが、かつてはウェールズ統治の中心地であり、プリンス・オブ・ウェールズ、すなわち皇太子たちの住まいだった。この城には、マリオン・ドゥ・ブルーヤーという女性のゴーストがいるという。彼女は12世紀、敵方の騎士と恋に落ち、塔からロープを下げて城内に恋人を招き入れ、逢瀬を重ねていたが、あるとき恋人はロープをそのままにして兵士たちを招き入れ、そのためにラドロー城は敵に占拠されてしまう。恋人に利用され裏切られたことに気づいた彼女は、恋人の剣で彼の喉をかき切り、自分は塔から飛び降りて死んだ。今でも、城内では彼女の叫び声が聞こえることがあり、ときには彼女自身も白い影となって現れるそうだ。

若干12歳で即位したものの叔父（リチャード3世）に王位を簒奪されて弟とともにロンドン塔に幽閉され、行方知れずとなったエドワード5世が、即位するまで住んでいたのもこの城で、「王子たちの塔」と呼ばれる建物では二人の幼い王子のゴーストが遊ぶ姿が視られるとも言われる。しかし、二人の王子のゴースト伝説は、幽閉されていたロンドン塔のブラッディ・タワーのほうが有名である。

HAMPTON COURT PALACE

手摺壁

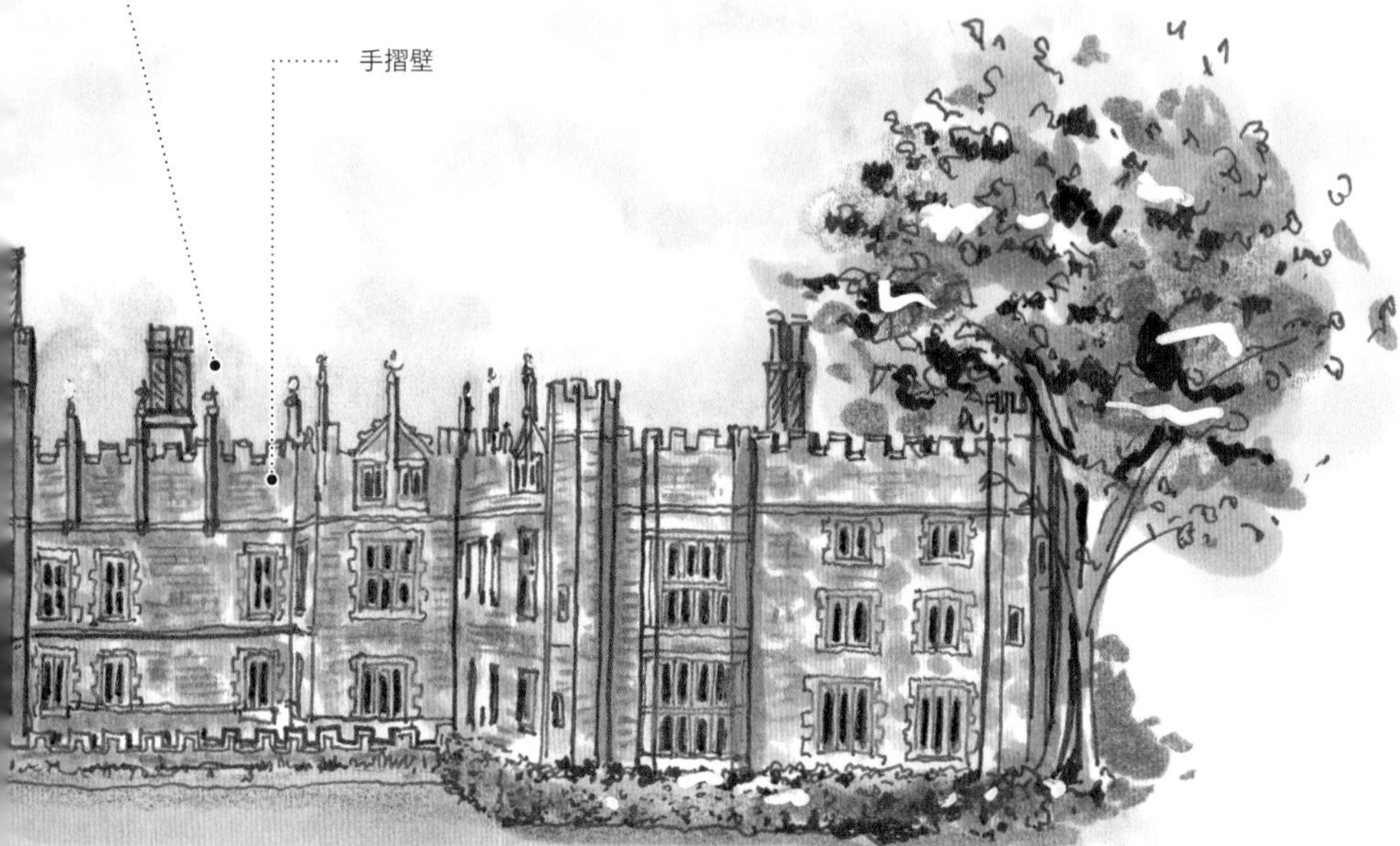

愛憎劇の舞台
ハンプトン・コート宮殿

バラストレイド（手摺壁）で低勾配の屋根を隠し、陸屋根のように見せかけるほか、3層構成であり西側ファサードにおいて中央部と両端部を少々前方に突出させる手法は、ルーヴル宮殿などのフランス風の宮殿を思い起こさせる。

クリストファー・レン（1632－1723。イギリスの古典主義建築を完成させた建築家）による改装後、新宮殿も「泉の中庭」（Fountain Court）を囲むロの字形平面となった。外装は赤煉瓦を主体的に用いるなど、テューダー朝時代の宮殿と同じような趣向の色彩が採られている。

現在のハンプトン・コート宮殿の姿

ハンプトン・コート宮殿は、元は宮殿ではなかった。1514年、当時の大司教であったトマス・ウルジー枢機卿（1475－1530）が、田園地帯にあった土地と建物を宗教騎士団より借り受け、莫大な資金と何年もの時間をかけて、イタリア・ルネサンス風の壮麗な邸宅へと改築した。

後に、ヘンリー8世と最初の王妃カタリナとの離婚手続きを任されたものの失敗したウルジーが、王の歓心を得るため、1529年に館と庭園を献上し、それ以来ハンプトン・コートは王家の宮殿になった。

富と権力の象徴のようなこの宮殿は、ヘンリー8世を中心とした愛憎劇の舞台でもある。

本書のCase1から3において繰り返し述べたが、ヘンリー8世は、妻と離婚や死別を繰り返し、合計6人の王妃を持った。その多くが、不幸な結末を迎えている。

二人目の妻アン・ブーリンを王妃にするため、一人目の王妃カタリナはヘンリー8世によって幽閉され、婚姻無効の宣言によって王妃の地位を失い、幽閉中に病死した。そのアン・ブーリンも、結婚から3年で身に覚えのない不貞の罪で処刑され、その後、間を置かずアンの侍女だったジェーン・シーモアが三番目の王妃となったが、それからわずか1年後、彼女もまた、王子を出産した12日後に産褥熱のため死亡している。四番目の妻はドイツのクレーヴズ公国から招かれたアン・オブ・クレーヴズ[※1]だったが、ヘンリー8世は彼女を気に入らなかったようだ。性的交渉のないまま、それを理由に、半年後には離婚している。

ジェーン・シーモアは急死したため、彼女に限っては、ヘンリー8世が次の女性に心を移したために排除されたわけではないが、アン・オブ・クレーヴズとの離婚の背景には、やはり他の女性の影があったようだ。離婚の前から、ヘンリー8世は、後に五番目の妻となる、侍女のキャサリン・ハワード[※2]を口説いていた。アン・ブーリンはカタリナの、ジェーン・シーモアはアン・ブーリンの侍女だったので、侍女から王妃に成りあがった女性はこれで三人目だ。キャサリンは当時まだ十代で、なんとアン・ブーリンの従姉妹だった。ヘンリー8世の好みの系統の顔だったのかもしれない。

ヘンリー8世とキャサリン・ハワードは、1540年7月、ヘンリーがアン・オブ・クレーヴズと離婚したその月のうちに結婚した。しかしやはりというべきか、長くは続かなかった。キャサリンは、従姉妹のアン・ブーリンと同

※1
1515－57。英国王ヘンリー8世の4番目の妻

※2
1522頃－42。英国王ヘンリー8世の5番目の妻

じルートで王妃になったわけだが、アンと比べると慎重さに欠けるところがあったようだ。彼女の男性関係がヘンリー8世の知るところとなり、彼女は王妃になってわずか19か月で、恋人ともどもロンドン塔で処刑された。裁判すら行われなかったという。

こうして五番目の妻も死に、次に王妃となったのはキャサリン・パー[※3]という女性だったが、彼女は王のフランス遠征中に摂政を務めるなど、老齢のヘンリー8世と国のために尽くし、王の死後は、彼の三番目の妻だったジェーン・シーモアの兄、トマス・シーモア卿と再婚している。知る限り、キャサリン・パーの幽霊が英国内で目撃された話は聞かないので、彼女はヘンリー8世の王妃としては珍しく、未練を残すことなく亡くなったのだろう。彼女と、合意の上離婚となったアン・オブ・クレーヴズを除く4人の王妃たちは、いずれも、幽霊となって生前に縁のあった場所に出没している。

数々の愛憎劇の舞台となったハンプトン・コートには、ヘンリー8世の妻たちのうち、アン・ブーリン、ジェーン・シーモア、キャサリン・ハワードの3人の霊が出るとされている。

英国内の縁のある様々な場所に出るというアン・ブーリンの幽霊は、ここハ

※3
1512－48。英国王ヘンリー8世の6番目かつ最後の妻

ンプトン・コートでも、青いドレスを着た姿で目撃されている。ロンドン塔では、首がない姿で現れたという話もあるが、こちらでは王妃らしく優雅な姿のようだ。

アン・ブーリンの次の王妃となってわずか1年で亡くなったジェーン・シーモアは、ヘンリー8世の妻たちの中で唯一、男児を産んだ女性である。王の命令で、彼女の魂のために千二百回ものミサが行われたというが、その甲斐なくというべきか、彼女もまた霊となってハンプトン・コートに現れる。白い服を着て蝋燭を持ち、階段を上がったり、シルバースティック階段室を歩く姿が目撃されているほか、クロック・コートと呼ばれる中庭でも目撃談がある。

しかし、何と言ってもハンプトン・コートに出る幽霊の中でもっとも有名なのは、五番目の王妃、キャサリン・ハワードだろう。同じく姦通罪の汚名を着せられ処刑されたアン・ブーリンは濡れ衣だったとされているが、キャサリン・ハワードには実際に恋人がいたようだ。証拠として、恋人に宛てた手紙などが残っている。アン・ブーリンがどのように死んだかを知らないはずがないのに、うかつにもほどがある。キャサリンは恋人と、元恋人の存在が発覚し、彼らともどもロンドン塔へ送られた。結婚後の恋人はヘンリー8世の側近だったそうだから、それについては言い訳ができないにしても、結婚前に恋人がいたことまで責められるのは、現代の感覚では理不尽に思える（ヘンリー8世との結婚後、元恋人ともよりを戻していた、という説もある）。当時の議会は、キャサリンの過去の男性関係が明らかになった後で、身持ちの悪い女が国王と結婚すると反逆罪にあたるとする法律を制定したという。彼女を裁くためだけに作られた法律だ。これに基づき、彼女は処刑された。

姦通罪で有罪となり、ハンプトン・コート内の一室に幽閉されていたキャサリンは、あるとき衛兵から走って逃げ、王がミサに参列して祈りを捧げていた礼拝堂の扉の前で命乞いをしたが、すぐに衛兵につかまり、泣き叫びながら回廊を引きずられていったという。ヘンリー8世は、彼女の叫ぶ声に反応すらしなかったそうだ。

そんな彼女も、アン・ブーリンと同じく、最期は王妃らしくあろうとしたようだ。気品と威厳を保ったまま死ねるようにと、処刑の前夜、断頭台に頭を置く練習をしたと言われている。アンの例からもわかるように、生前は悪女のように言われていても、いざ処刑されるとなると国民たちは同情し、美点を見つけるものだ。

王妃らしく処刑を受け容れたとはいえ、当然、恨みや未練は残ったのだろう。ハンプトン・コートでは、キャサリンの叫びや、王の慈悲を乞うために礼拝堂の扉を叩く音が、今でも聞こえることがあるという。さらには、白いドレス姿で髪を振り乱し、叫び声をあげながら礼拝堂へと続く回廊を走る姿も目撃されており、彼女の現れる回廊はホーンテッド・ギャラリー（憑かれた回廊）と呼ばれている。

1999年には、回廊の彼女の叫び声が聞こえるあたりで、二人の女性観光客が失神する事件も起きている。彼女たちは異なるツアーの観光客だったが、同じ場所で失神したという。死後これだけ時間が経っても人に影響を及ぼすほど、キャサリン・ハワードの怨念は強いということだろうか。

ヘンリー8世の三人の王妃たちのほかにも、ハンプトン・コートに現れる幽霊はいる。妻たちほど頻繁にではないが、ヘンリー8世自身の霊も目撃されているというし、ハンプトン・コートの、ヘンリー8世の前の持ち主にして、宮殿の基礎を築いたトマス・ウルジーも、1966年、歴史的建造物を舞台に、照明と音響とともにその歴史を語るイベントが催された際に姿を現したとされている。

ヨークの大司教であったウルジーは、大変な浪費家として有名で、彼が建築したハンプトン・コートの豪奢さも、英国一だと当時話題になった。しかし、ヘンリー8世と最初の王妃カタリナの離婚手続きが進まなかったため業を煮やしたアン・ブーリンによって、彼は裁判所に告発され、身分を剥奪され、財産も没収された（引退後に叛逆者として逮捕はされたものの、護送中に死亡したため、処刑はされていない）。「自ら進んで」邸宅を王に献上したとされていても、こうして姿を現してしまうところを見ると、やはり自身のかつての富と繁栄のあかしであるハンプトン・コートには執着があるのかもしれない。

ハンプトン・コートに現れる幽霊には、正体不明の者もいるが、正体がはっきりしている幽霊のほとんどが、ヘンリー8世の関係者であるというのは興味深い。彼の治世で、それだけ多くの犠牲者が出たということだろう。

もちろん、例外もある。キャサリン・ハワードに次いで有名な、ハンプトン・コートのグレイ・レディ（灰色の貴婦人）と呼ばれている幽霊がそうだ。グレイ・レディと呼ばれる幽霊は英国各地に存在するが、ここハンプトン・コートに現れるグレイ・レディは、エドワード6世[※4]の乳母であったシビル・ペン夫人のことだ。天然痘で亡くなり（エリザベス1世を看病した際に感染したとされてい

※4 1537−53（在位1547−53）。テューダー朝の英国王

る）、宮殿内の教会に手厚く埋葬されたが、1821年、老朽化した教会が取り壊されるのに伴い、墓所が移されてから、霊として現れるようになった。記録に残っている最初の目撃談は1829年のようだ。宮殿内のグレース・アンド・フェイバーハウスで、紡ぎ車の音とともに彼女の声が聞こえる、住人の就寝中にベッドの上から覗き込んでいる、帽子をかぶってテニスコート・レーンを歩いているなど、数多くの彼女に関する報告が残っている。彼女の声と紡ぎ車の音が、グレース・アンド・フェイバーハウスの南西翼にある大部屋の壁から聞こえることに気づいた人たちが調査したところ、その壁の後ろに隠し部屋が存在することがわかり、その部屋で古い紡ぎ車が見つかったという。彼女らしき姿は21世紀の今も、観光客にしばしば目撃されている（iPhoneで撮った写真に写り込んだという話もあり、真偽のほどはわからないが、その写真はウェブ上で見ることもできる）。

また、正体不明の名もなき幽霊も、数多く目撃されている。1907年、宮殿の夜間警備の任に当たっていた警官が、夜会服を着た男女数名が庭園を歩いてきて消えてしまうのを目撃したという報告があるし、宮殿の裏手にある人工の湖では、次々と子どもが溺れる事故が起きている。1887年に3歳の男の子が、1927年には女の子が溺れた。その40年後、4歳の男の子が溺れかけたが、通行人に救助され、「ほかの子どもたちと遊ぼうとして」湖に入ったと証言している。

ハンプトン・コートで働く観光ガイドによれば、夜は特に怪現象が多く、ひとりでにドアが閉まったり、視線を感じたりするのはよくあることだそうだ。2003年10月には、防犯カメラに幽霊らしきものが映ったとされている。英国では有名な観光スポットで、観光客による目撃談もかなり多いので、ゴーストに遭遇したい人は一度訪れてみてはどうだろうか。

白いドレス姿で髪を振り乱しながらホーンテッド・ギャラリーを走るキャサリン・ハワード

DATA

ハンプトン・コート宮殿のデータ

Hampton Court Palace

元々は16世紀初頭に枢機卿トマス・ウルジーが建てたテューダー朝様式の城館だった（1514－29）。この時点ではロの字形平面の主棟を中心に複数の付属棟が建てられていた。これを気に入ったヘンリー8世が獲得し、その歴代王妃6名全員がここで生活することになる。ヘンリー8世はこれをさらに拡張した（1529－40頃）。ファサードの斜め前方に隅部塔を備えた突出部を建築して、正面から見た時の左右対称性を高め、800名以上の宮廷人にも対応可能なグレイト・キッチンを設えた。グレイト・ホールのよ

うな大空間も増築され、1603年にステュアート朝初代のジェイムズ1世が英国王に即位した直後には、そこでシェイクスピアの『ハムレット』や『マクベス』が上演されている。

1689年、名誉革命後にメアリー2世とウィリアム3世が即位すると、当時のイングランドの代表的な建築家クリストファー・レンに新たな宮殿の設計が託された。当初はテューダー朝時代の宮殿を取り壊して完全に新築とすることが企図されたが、当初の宮殿を保存しながら、その東側に新たな宮殿を増築するという案が実施された（1689－1714）。

レンは王室礼拝堂も大改装している。ハノーヴァー朝時代初期にはジョージ2世によってインテリア関連の整備が進んだ。1734年に王妃キャロラインお気に入りの建築家ウィリアム・ケントが新古典主義的な「王妃の階段」（Queen's Stairs）などを設えている。王宮としては1737年まで使用され、それ以後は寵臣たちが場を占めるようになった。

ハンプトン・コート宮殿の間取り〈現在〉

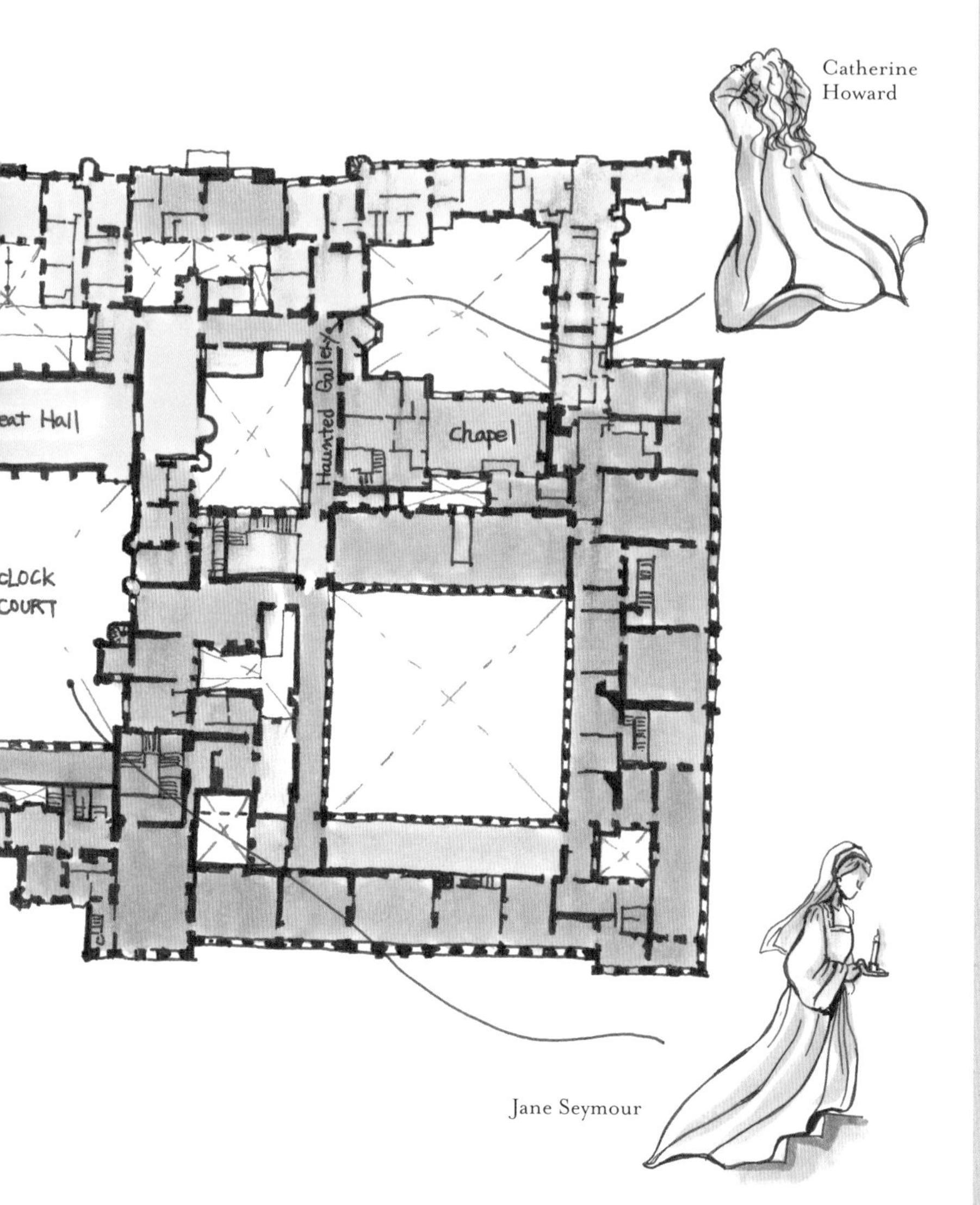

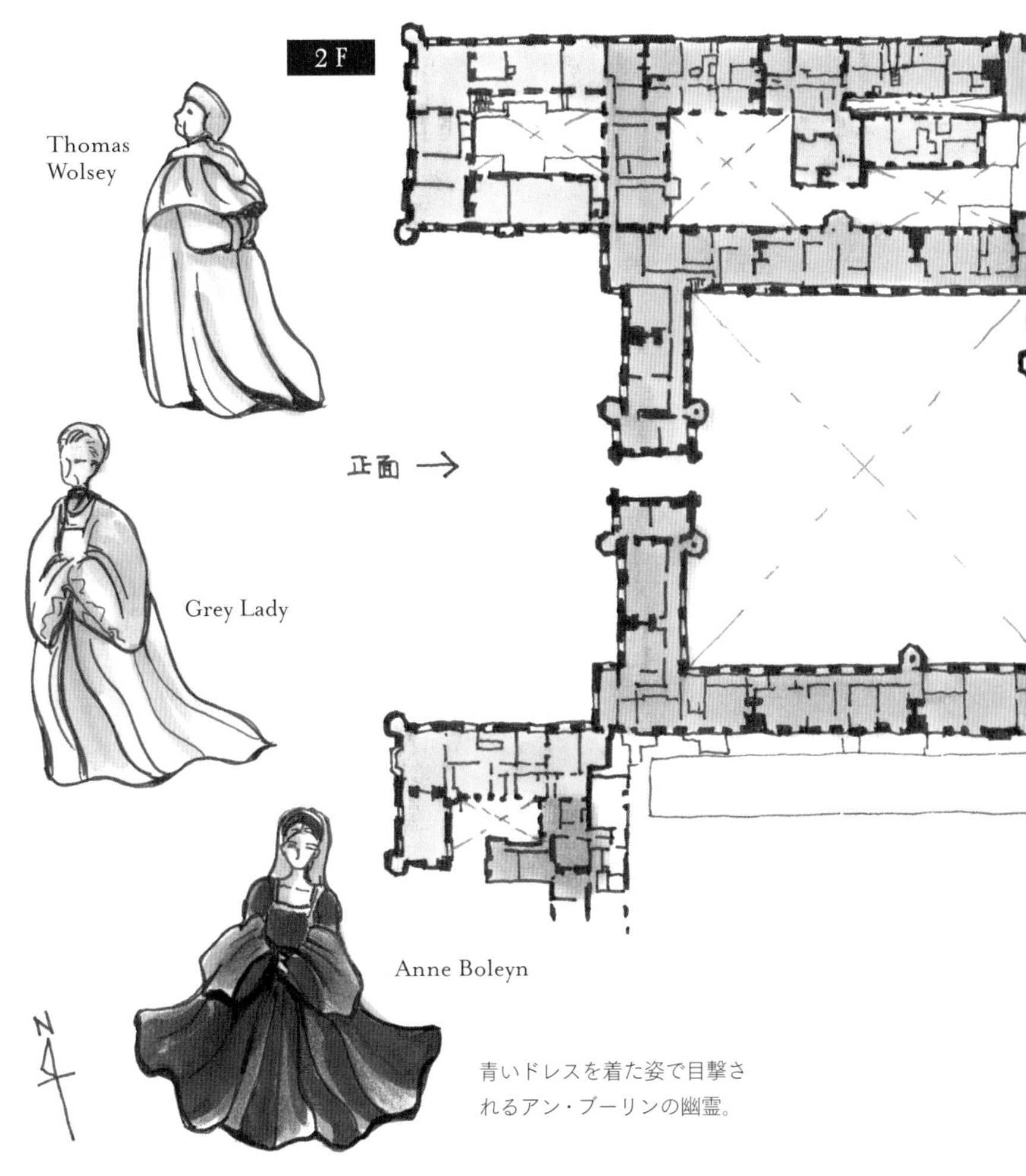

青いドレスを着た姿で目撃されるアン・ブーリンの幽霊。

The HAUNTED CASTLE Case 5

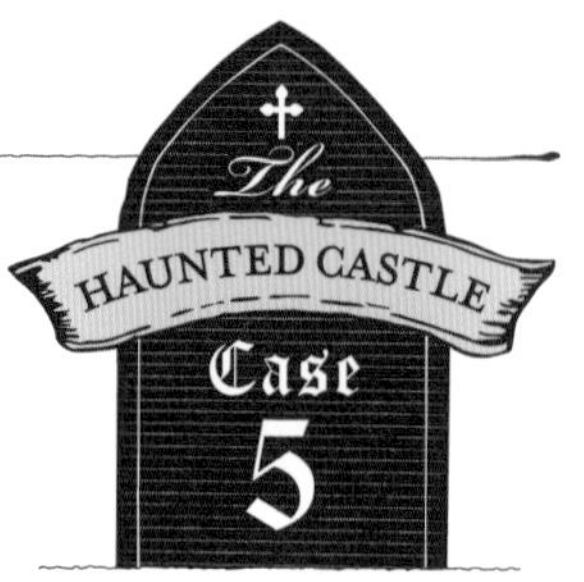

OLD PALACE
(HATFIELD HOUSE)

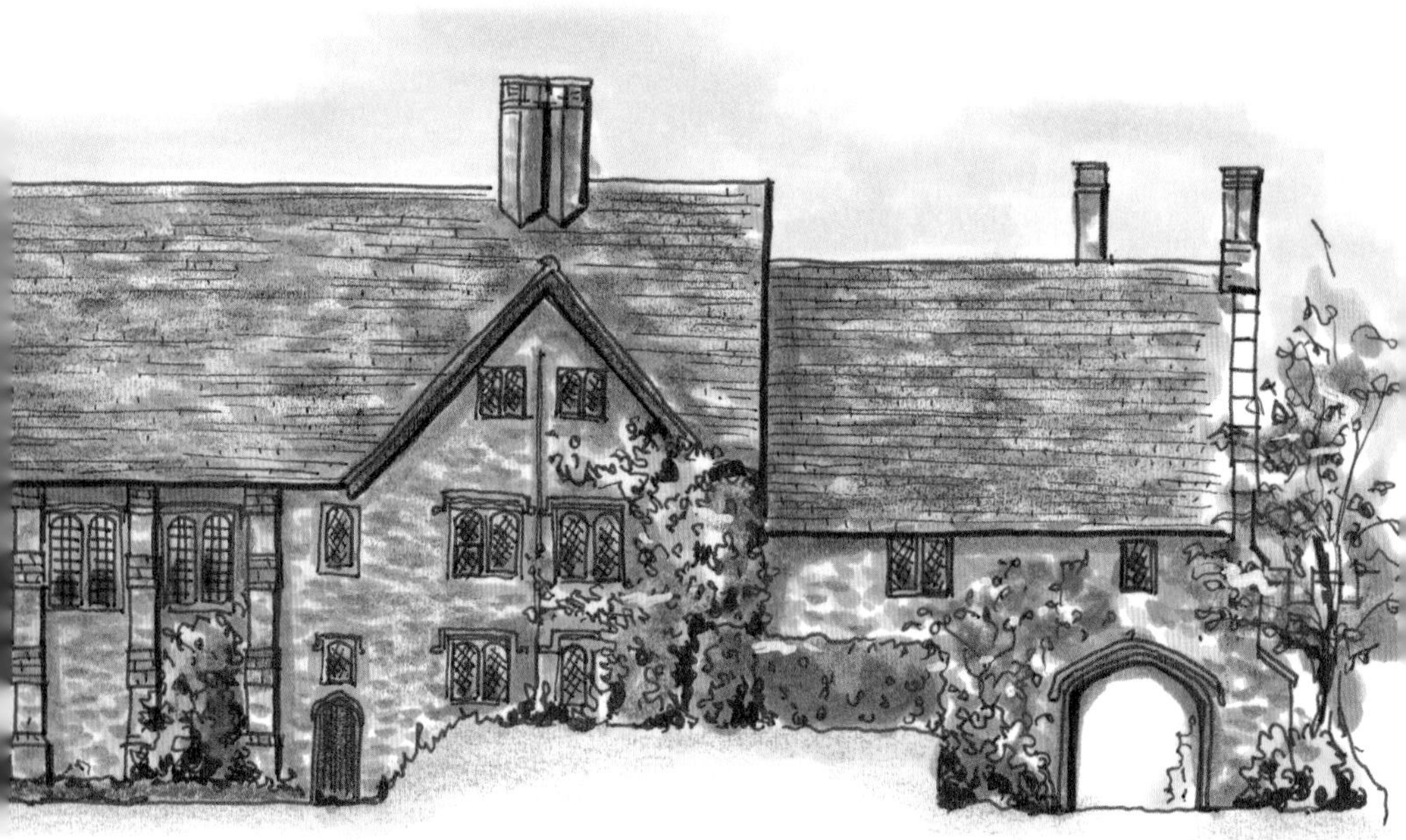

女王の少女時代とハットフィールド・ハウス

1603年にエリザベス1世が亡くなり、ステュアート朝時代となった後の1607年5月、ジェイムズ1世(在位1603−25)は初代ソールズベリー伯爵ロバート・セシルと地所の交換を行い、ハットフィールドは伯爵の手に帰した。新たなカントリー・ハウスはオールド・パレスの南東側に計画され、1611年に完成した。この事業に伴い、オールド・パレスは厩舎に転用された西翼棟を除いて取り壊された。

現在のオールド・パレスの姿

エリザベス1世[※1]は、歴代英国王の中で、もっとも有名で、もっとも成功した君主であると言って過言ではない。25歳のときに、実質的に英国初の女王であった姉のメアリー1世[※2]に代わって即位すると、善政を布き、百年戦争以降は力を失い、辺境の小さな島国にすぎなかった英国を、ヨーロッパ中から一目置かれる大国へと復活させて国民の尊敬を集めた。

彼女は長く続いていた国内の宗教問題（プロテスタントとカトリックの対立）を、統一法を定めることで解決し、イギリス海軍を改革し、当時無敵とされていたスペインの艦隊を打ち破るという快挙を成し遂げ、また、産業を促進させ、英国の黄金期を築いた。エリザベス1世の治世においては、英国の文学や芸術も花開き、ウィリアム・シェイクスピア等の、後世に残る優れた才能も生まれた。まさに、栄光の処女王と呼ばれるのにふさわしい功績である。国民に尊敬され、44年もの間絶対的な女王として君臨した彼女は、およそこの世に未練など残していないように思える。しかし、そこはゴーストの国、イングランドである。有名人は大抵、どこかしら縁のある場所で幽霊として目撃されていて、エリザベス1世も例外ではない。このCase1でも触れたとおり、ウィンザー城のライブラリーに現れるのが有名だが、もう一か所、彼女の霊が現れるとされているのが、彼女が女王として即位するまでの長い時間を過ごした

※1
1533−1603（在位 1558−1603）。テューダー朝の英国女王

※2
1516−58（在位 1553−58）。テューダー朝の英国女王

ハットフィールド・ハウスである。

ハットフィールド・ハウスは、ロンドン郊外ハートフォードシャーにある。もとは高位聖職者ジョン・モートン枢機卿の邸宅だったが、エリザベス1世の父であるヘンリー8世の宗教改革を期に王室の所有となった（事実上、召し上げられた）。その後所有者となったソールズベリー伯爵ロバート・セシルによって建て直され、現在の形になったのは17世紀の初期で、セシル家当主は今もこの館に住んでいる。持ち主が住んでいるエリアをのぞき、豪華な内部は一般公開されている。

かつて政界のサロンとして使われたこともあったというこの建物には、舞踏会が開ける広いホールや、英国王たちの肖像画が飾られた客間、1万冊の蔵書を誇る図書室、礼拝堂等があり、映画やドラマのロケ地としてもたびたび使われている（『バットマン』や、それこそケイト・ブランシェット主演の映画『エリザベス』でも）。

敷地内には主な建物が二つあり、小さいほうが古い。オールド・パレスと呼ばれるこの建物は、もとは15世紀末、1497年に建てられた建造物の一部で、ヘンリー8世の3人の子どもたちはここで幼少期を過ごした。もともと聖職者の邸宅だっただけあって、豪奢な本館と比べると質素な造りである。ここに、エリザベス1世の幽霊が出るという。

エリザベス1世は、生後3か月でハットフィールド・ハウスへ送られ、即位が決まるまでの間、多くの時間をここで過ごしている（その間にロンドン塔で幽閉されるなど、ここから離れていた時期もある）。

女王として即位する前の彼女の人生は、決して平坦ではなかった。エリザベスが2歳のとき、母親であり、ヘンリー8世の2番目の妃だったアン・ブーリンは処刑された。処刑に先立ち、ヘンリー8世とアンの結婚の無効が宣言されていたため、エリザベスは王女としての身分を剥奪され、庶子となった。幼いエリザベスは、その意味もわかっていなかっただろう。その後はひたすら、ハットフィールド・ハウスで「プリンセス」ではなく「レディ」として教育を受ける日々を過ごした。

当時の教育係の手紙等によると、彼女は非常に優秀だったようだ。ハットフィールド・ハウスで学んだ宮廷作法、様々な言語、歴史や国際情勢に関する知識は、この後、波乱に満ちた人生を送るエリザベスを大いに助けることになる。

アン・ブーリンの処刑後、ヘンリー8世が複数の女性と結婚し、死別や離婚を繰り返したことはこれまで書いたとおりだが、その間、エリザベスは歴史の表舞台には登場しない。そしてエリザベスが9歳のとき、ヘンリー8世は6番目の妻に、キャサリン・パーを迎える。これが、エリザベスにも大きな転機となった。

思慮深く親切な女性だったキャサリン・パーは、継子たちに優しく接し、それぞれに適した優れた家庭教師をつけ、ヘンリー8世を説得して、メアリーとエリザベスの王位継承権を復活させた。物心つく前に母親を失ったエリザベスは、キャサリン・パーを実母のように慕ったという。彼女に宛てた親しみのこもった手紙や、手作りの贈り物が残されている。

ヘンリー8世の死後、エリザベスはキャサリンに引き取られていた時期もあるが、政治的な争いに巻き込まれないようにというキャサリンの配慮やエリザベス自身の考えで、やがてひっそりとハットフィールド・ハウスに引きこもるようになり、何年もの間、学問に打ち込んで暮らした。

父に代わって9歳にして即位したエリザベスの弟エドワード6世が15歳で死去すると、姉のメアリーが女王メアリー1世として即位した。メアリーはヘンリー8世の最初の妻・カタリナの娘であり、エリザベスは、カタリナを追い落として王妃となったアン・ブーリンの娘である。アン・ブーリンのためにメアリーは庶子へと落とされ、苦しい少女時代を送ったことから、彼女はエリザベスに対してよい感情は持っていなかった。メアリーが即位して以降、エリザベスは実質、ハットフィールド・ハウスにとらわれの身となったが、幼い頃から長い時を過ごしてきたこの館での生活は、彼女にとって辛いものではなかったようだ。軟禁に近い状態だったとはいえ、ハットフィールド・ハウスでエリザベスは様々なことを学び、また、歌や演劇などを楽しんだと伝えられている。

即位した当初は国民人気が高かったメアリー1世だが、神聖ローマ帝国皇帝カール5世の息子、フェリペ（後のスペイン国王フェリペ2世）との結婚をきっかけに、女王の人気は凋落し、英国内では反乱が起きた。反乱は鎮圧されたが、この頃（1554年2月）ハートフォードシャーのアシュリッジ邸で暮らしていたエリザベスも陰謀に加担したのではないかと疑われ、尋問を受け、3月にはほとんどの者が生きては出られないと言われていたロンドン塔に送られた。しかし、容疑に対する証拠がなかったため、また、エリザベスの支持者たちの働きもあって、5月にロンドン塔から出ることができた。その後、ウッドストック邸で監視つきで幽閉されていたが、十か月後に解放され、エリザベスはハットフィールド・ハウスに戻った。

そして、1558年11月17日、メアリー1世が崩御し、エリザベスが即位したことを彼女が知らされたのも、ハットフィールド・ハウスでのことだった。

ハットフィールド・ハウスの庭（といっても、建物からはかなり距離がある）のオークの木の下でギリシャ語の新約聖書を読んでいたとき、エリザベスは姉メアリーの死と、自身が新しい王として推挙されたことを告げられる。空が青く晴れ渡り、日差しのあたたかい日だったという。エリザベスは25歳だった。

エリザベスの、枢機院委員たちとの最初の評議会は、ハットフィールド・ハウスのグレート・ホール（大広間）で行われた。その後エリザベスは女王としてロンドン入りすることになる。ハットフィールド・ハウスは、女王となる前のエリザベスが日々を過ごした、少女時代の象徴のような場所だが、それと同時に、間違いなく彼女にとって、女王としての第一歩を踏み出した場所でもあると言えるだろう。

ハットフィールド・ハウスにおいてエリザベスの幽霊は、オールド・パレスのゲートウエイに現れ、チャーチヤードで消える姿が目撃されているほか、本を読んでいる姿、机に向かっている姿や、グレート・ホールで目撃されたこともあるという。1951年に、本館のロング・ギャラリーで彼女を見たという目撃談もあるが、これについては、生前彼女が本館に住んだことはなかったことから——彼女の死後に建築された建物であったことから——疑問視されている。

オールド・パレスには、エリザベス以外の幽霊譚もある。建物の中では階段を下りる足音が聞こえ、謎の足跡が出現するとされ、幽霊の馬に引かれた四輪馬車がときどきドライブウェイを抜け、正面玄関に入ったところで消える様子も目撃されているという（そのまま階段をあがっていったという目撃談もある）。足跡と足音は、1835年にろうそくを倒して焼死してしまったという、この館に住んだ最初の侯爵夫人のものと言われていて、四輪馬車もこの侯爵夫人がロンドンと屋敷を行き来するときに利用したものとされている。ヴェールを被った女性の霊の姿も目撃されているそうだから、これがその侯爵夫人だろうか。

エリザベス1世の幽霊が、いつ頃からハットフィールド・ハウスに現れるようになったのかは定かではないが、こうして別の幽霊が目撃されるようになってから、「それならここで少女時代を過ごしたエリザベス1世の霊も出るはず」という話になり、彼女の幽霊に「気づく」人たちが増えていったのかもしれない。

ハットフィールド・ハウスに現れるエリザベス1世の幽霊は、女王に即位する前の少女の姿だという説もある。最初に聞いたときは不思議に思った。彼女が少女のまま死んだなら、少女の姿で現れるのはわかる。しかし、栄光の処女王として44年もの間君臨したエリザベス1世が、何故少女の姿で現れるのか。

誰のものともわからない頭蓋骨を源頼朝公のしゃれこうべとして見世物にしていた男が、成人男性のものにしては小さすぎると客に指摘されて、「頼朝公の幼少期のものだ」と反論する日本の笑い話を思い出した。そもそも、栄光の処女王は、幽霊になるような未練などこの世に残していないのではないかとも思った。

しかし、様々な文献を読み、英国の人々にとって幽霊、ゴーストがどういう存在なのかがわかってくると、なんとなく、理解できるような気がした。国民たちはエリザベス1世を敬い、愛している。彼女が少女時代を過ごした場所に、彼女の存在を感じたいと願い、彼女にいてほしい、と思っているのだ。

ハットフィールド・ハウスに現れるエリザベスの幽霊は、彼女が国民たちに愛されている証だ。そして、もし本当に少女の姿で現れるのだとしたら、それは、ハットフィールド・ハウスが、とらわれの身であっても、自分らしく穏やかな時間を過ごせた、「女王」になる前のエリザベスの記憶が残る場所だからかもしれない。

DATA

ハットフィールド・ハウスのデータ

Old Palace (Hatfield House)

ハットフィールド・ハウスにはもともと、ヘンリー8世（在位1509－47）の「オールド・パレス」があり、ここで3人の子供、エドワード（後のエドワード6世、在位1547－53）、メアリー（後のメアリー1世、在位1553－58）、エリザベス（後のエリザベス1世、在位1558－1603）が育った。オールド・パレスは中庭を囲むロの字形平面だったようだ。

1611年に建築された新城館の設計を担当したのは石工棟梁ロバート・ライミングだが、王の建築総監サイモン・バジルやイニゴ・ジョーンズも関与したといわれる。赤煉瓦を主体とし（煉瓦の積み方はイギリス積みとフランドル積みの双方がみられる）、白い切石をアクセントとして隅石に用いた城館には、オーダーは使われていないものの、各階に施された水平装飾帯と大きな窓は、イタリア以外の初期ルネサンス建築の特徴であり、英国ではジェイムズ1世（ジャコビアン）様式ともいう。

新城館の平面形は、フランスの邸宅建築のようなコの字形にも、あるいはエリザベス1世治世期にみられたE字形の変形にもみえる。一方、中央にスクリーン・パッセイジ（通路）、正面から見て右手にマーブル・ホール（大理石を使用した広間）が置かれた配置は、中世以来の英国のマナー・ハウスの伝統に則ったものだ。

ハットフィールド・ハウスの間取り

配置図

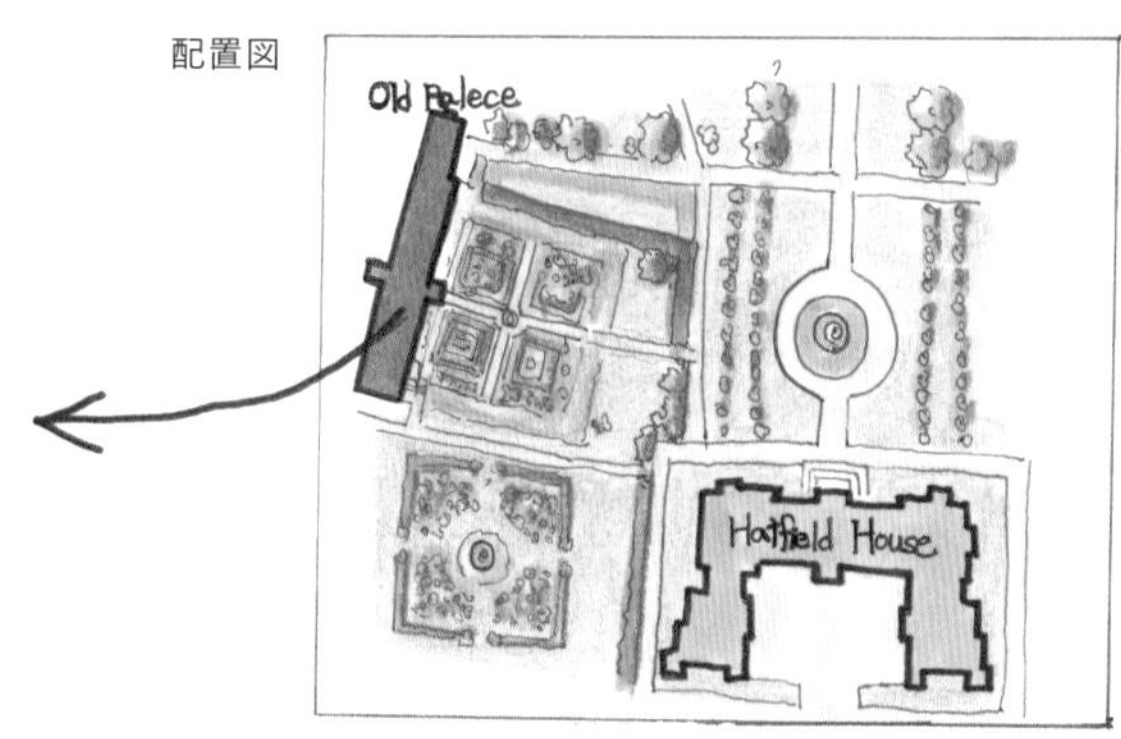

新城館が建築された17世紀初めは、イタリアではすでにバロック建築の時代であり、ジェイムズ1世様式においては初期ルネサンスといってもイタリアの後期ルネサンス（マニエリスム）の要素も導入されることがある。本作ではマーブル・ホールの天井画、壁面装飾や大階段室の手摺の装飾にそのような傾向がみられる。

オークの木の下で『新約聖書』を読む、少女時代のエリザベス。

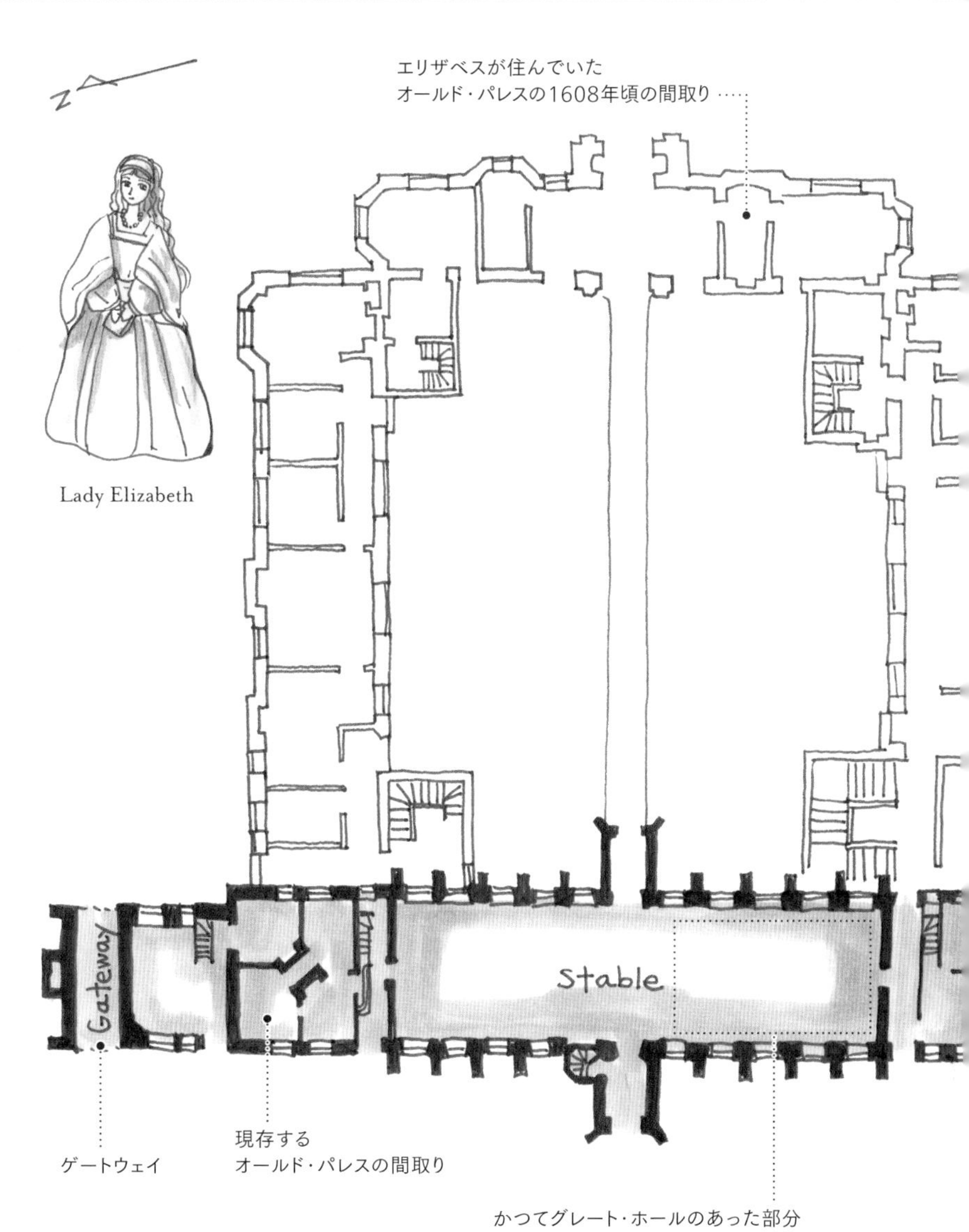
N
Lady Elizabeth
エリザベスが住んでいた
オールド・パレスの1608年頃の間取り
Stable
Gateway
ゲートウェイ
現存する
オールド・パレスの間取り
かつてグレート・ホールのあった部分

SPECIAL CASE 2

バルモラル城

BALMORAL CASTLE

バルモラル城は、スコットランド・アバディーンシャーにあり、1848年にヴィクトリア女王※が購入して以降、英国王室のスコットランドにおける私邸で、夏の避暑地として使われている。ここには、ヴィクトリア女王のお気に入りだっ

現在のバルモラル城の姿

たというジョン・ブラウンの幽霊が住むという。

ジョン・ブラウンはバルモラル城の馬係だったが、王配アルバート公亡き後、女王の側近に取り立てられ、非常に厚遇された。ヴィクトリア女王はブラウンの死後、彼の肖像画や像まで作らせたというから相当だ（後に、ヴィクトリアの息子エドワード7世の命で破棄された）。

当然のように、彼は女王の秘密の恋人であったとか、秘密裡に結婚していた、という噂が流れた。ブラウンはアルバート公の霊を呼び出す霊媒だったという説すらあるが、それらを裏付ける証拠はない。ただ、女王は自分の棺にブラウンの写真や髪の毛を入れるよう医師に遺言を残し、医師はそれに従ったとされている。

ブラウンの幽霊は、スコットランドの民族衣装、キルトを着た姿で、庭や城内を歩きまわるという。英国の君主の中で最も長い治世の記録を持ち、国民から愛されたエリザベス2世は、2022年9月8日、この城で崩御したが、彼女もまた、城内の廊下でジョンの姿を目撃し、いたるところに彼の気配を感じたといわれている。

※ 1819－1901（在位 1837－1901）ハノーヴァー朝の英国女王

STIRLING CASTLE

スコットランド女王メアリーの足跡をたどる

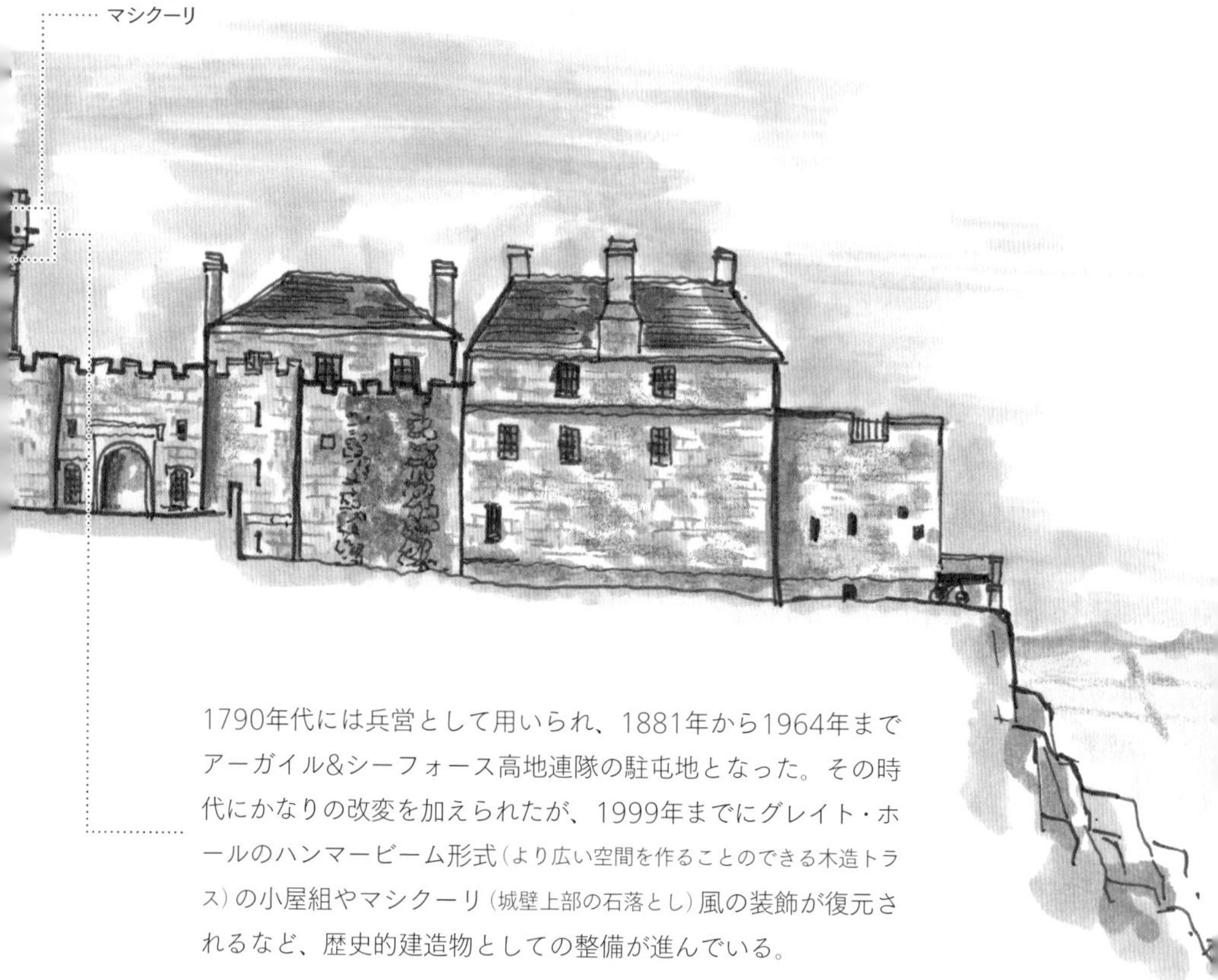

マシクーリ

1790年代には兵営として用いられ、1881年から1964年までアーガイル&シーフォース高地連隊の駐屯地となった。その時代にかなりの改変を加えられたが、1999年までにグレイト・ホールのハンマービーム形式（より広い空間を作ることのできる木造トラス）の小屋組やマシクーリ（城壁上部の石落とし）風の装飾が復元されるなど、歴史的建造物としての整備が進んでいる。

古来、スターリング城はイングランドに対するスコットランド防衛の要だった。いつごろ建築されたのかは定かではないが、1107年から1115年にかけて、スコットランド王アレグザンダー1世（1078−1124）がその礼拝堂に特権を授与した記録が最古の史料上の言及だ。その後、イングランドとの抗争の中で、その持ち主を頻繁に変えている。

現在のスターリング城の姿

これまで、アン・ブーリンの幽霊は生前縁のあったほとんどの場所で目撃されている、と書いたが、スコットランド女王メアリー・スチュアート[※1]も負けていない。

父親のスコットランド王ジェイムズ5世[※2]が若くして病死したため、生後一週間足らずで女王となった彼女は、5歳でフランス国王の嫡男と婚約してフランスへと渡り、15歳で王太子妃に、そして王太子の即位によりフランス王妃となった。その後17歳で夫を亡くし、18歳でスコットランドへ帰国、23歳で従兄弟のダーンリー卿ヘンリー・スチュアート[※3]と再婚するが、夫が何者かに暗殺されると、メアリーは関与を疑われて民意を失い、反乱を起こされてスコットランド各地を逃げ回った末、最終的にイングランドに亡命した。その後彼女は、エリザベス1世の命令で、18年間に渡り英国内の田舎の城を転々とし、最後は女王暗殺の陰謀に加担した罪でノーサンプトンシャーのフォザリンゲイ城で処刑された。波乱万丈の人生を送ったメアリーの霊は、幽閉されたイングランドのいくつもの城や、祖国スコットランドのいたるところで目撃されている。

スコットランドの古都、スターリングの町を見下ろす高台にあるスターリング城は、生後間もないメアリーがイングランドの追っ手から逃れて移り住み、

※1
1542－87（在位1542－67）。スコットランド女王

※2
1512－42（在位1513－42）。スコットランド王

※3
1545－67。スコットランド女王メアリー・スチュアートの2番目の夫

戴冠式を行った場所である（メアリーは2歳だった）。メアリーの息子ジェイムズ6世[※4]が洗礼を受け、育った城でもあり、メアリーは生前、たびたびこの城を訪れている。この城には、ピンク・レディ、グリーン・レディ、ホワイト・レディにブルー・レディ、グレイ・レディといったカラフルな名前の幽霊が現れ、そのうちピンクとグリーンのレディはメアリー・スチュアートに関係する幽霊であるとされている（英国やスコットランドには色つきの名前で呼ばれる幽霊が数多く存在する。ノーサンバーランドのバンボロー城にもピンク・レディと呼ばれる幽霊が出るし、スコットランドのファイビー城にはグリーン・レディが出る。グレイ・レディなんて英国に何人いるかわからないくらいだ。ルーシン城、カリスブルック城、ダドリー城、パウダーハム城などにもそう呼ばれる霊がいるし、スターリング城と同じスコットランド内でも、グラームス城のグレイ・レディが有名である）。ピンク色に光るレディの霊はメアリーであると言われ、ピンクのガウンを着て、近くにあるホリールードハウス宮殿のチャペルへ向かって歩いている姿が目撃されているが、これは1304年にエドワード1世が城を包囲した際の生き残りで、戦争で死んだ夫を探し続けている女性の霊であるという説もあり、はっきりしない。この城に出る幽霊としてはグリーン・レディのほうが有名で、彼女はメアリーの侍女

※4
1566－1625。スコットランド王としての在位は1567－1625。ステュアート朝の英国王ジェイムズ1世としての在位は1603－25

だった女性の霊だと言われている。未来視の能力があったともされる彼女は、城に滞在中のメアリーに危険が迫っていることを察知し、警告したうえで寝ずの見張りを買って出て、夜間に起きた火事からメアリーを救い出したが、本人はその時の傷が元で亡くなったという。この侍女は名前すら知られていないが、その夜着ていたガウンの色からグリーン・レディと呼ばれている。ピンク・レディ同様、グリーン・レディについても、正体については諸説あり、城の司令官の娘で、兵士と恋愛関係にあったが、それが父親に知られ、兵士が処刑されてしまったために城から身を投げて死んだ女性であるという話もある。

メアリー関連の幽霊が出る城としては、ボースウィック城も有名だ。メアリーは最初の夫であるフランス国王を亡くした後、スコットランドへ帰国してダーンリー卿と再婚したが、彼は何者かに暗殺された。そのわずか3か月後、メアリーはダーンリー卿殺害を疑われていたボズウェル伯ジェイムズ・ヘバーン[※5]と再々婚したため、彼女も共犯であると疑われ、民意を失った二人は反乱軍に追われることになる。メアリーとボズウェル伯の居城だったボースウィック城（エディンバラの南にある）は陥落し、ボズウェル伯は亡命、メアリーはボースウィック城に監禁された。反乱を起こした貴族たちは、メアリーに、息子

※5
1535-78。スコットランド女王メアリー・スチュアートの3番目の夫

ジェイムズにスコットランド王の座を譲るよう迫ったが、メアリーは拒否。何度も脱出を試み、失敗を重ねたが、1567年、とうとうページボーイ（小姓のこと）の姿に扮して、千人以上に包囲された城からの脱出に成功する。ボースウィック城には、美少年の霊が現れるとされているが、これが、このときの男装したメアリーの姿だという。

ほかにも、城内で出所不明の声や音が聞こえる、訪問者が体調を崩すなど、ボースウィック城では不可思議な現象が報告されている。「赤い部屋」と呼ばれる城内の呪われた一室の話は特に有名で、この部屋がもとで起こる怪現象を収めるため、ボースウィック城主は、エディンバラの神父を呼び寄せて悪魔祓いを試みたと噂されている。この部屋では、若い召使いの娘が城主の私生児を産み、王位を脅かす存在として子どももろとも殺されたと言われている。また、横領した財宝をこの部屋に隠していたボースウィック家の宰相が、横領発覚後に焼き殺されたという話もあり――この金庫は今も城の壁に残っているそうだ――、この部屋では多くの人が、召使いの娘や宰相の霊を目撃している。

メアリーがわずかに立ち寄っただけの城にも、何かしら、彼女にかかわる幽霊譚がある。たとえば、イングランドに亡命する前のメアリーが身を寄せ、短期間滞在したクレイグネサン城には、メアリーが処刑されて以降、首のない女性の霊が出るという。これらすべてが本当にメアリーの霊なのかはわからないが、そうだとしたらアン・ブーリンも顔負けである。

さて、男装してボースウィック城を脱出したメアリーはイングランドへ逃げ込み、その後20年近くにわたり、エリザベス1世の命令で国内の城を転々とすることになる。メアリーを自国に受け容れ、住居を提供して生活費を与えながらも、エリザベス1世は、どれだけ求められても彼女との面会には応じなかったという。冷たいようにも思えるが、当時エリザベス1世が置かれていた状況と、メアリーの行動に鑑みれば、無理もない。

メアリーの祖母はヘンリー7世の長女だったため、彼女にはイングランドの王位継承権があった。一方、エリザベス1世は、女王として即位したものの、かつてヘンリー8世が彼女の母・アン・ブーリンとの婚姻を無効としたことにともない、庶子として王女の地位を剥奪されていた時期があったため、エリザベス1世には正式な王位継承権がないと考える一派が英国内にもいた。そういう一派にとって、メアリーはエリザベスに代わる女王候補であり、亡命からわずか1年で、メアリーを擁立しようという一派が謀反を起こしている。メアリー自身も、自分はイングランドの正統な後継者だと主張し、公文書に、「イングランド統治者」とサインしていた（驚くことに、エリザベス女王宛の手紙にさえも）。彼女と結婚すればスコットランドだけでなくイングランドも手に入るかもしれないとあって、亡命した後も、メアリーには各国の王族からの求婚が絶えなかった。当時、戦略的に、イングランドに隣接したスコットランドをほしがる国は多く、これらの事情から、エリザベス1世がメアリーの存在を警戒したのは当然のことといえる。

そんなわけで、メアリーは英国内の田舎の城を転々とすることになったのだが、その多くで、彼女の幽霊が目撃されている。たとえば、タットベリー城。現存しない城（跡地がある）だが、メアリーは1569年から1570年までと1585年から1586年までの間、ここに幽閉されていた。この城では、憂いを帯びた姿で監視塔のまわりを飛ぶ、ホワイト・レディと呼ばれる女性の霊が目撃されているが、これがメアリーだと言われている。しかし、この霊は恋人の死を嘆いて後を追った、かつてのこの城の女主人だとする説もある。

こうなってくると、「縁のあるこの場所にもメアリーの幽霊が現れてほしい、きっと現れるはずだ」という思いから「あの霊はメアリーに違いない」と国民たちが言っているだけのような気もしてくるが、それだけメアリーが愛された存在だということだろう。

正体のはっきりしないホワイト・レディのほかにもタットベリー城に幽霊はいるようで、子どもの霊が通り過ぎたり、老女の幽霊が大広間の周辺を浮遊したりするのを多くの訪問者たちが目撃しているし、城内の王の寝室では、オーブ（揺らめく光球のこと）や光がたびたび空中を漂うといい、数人が、湿った見えない何かに手をつかまれる体験をしている。しかし、名前のある幽霊はホワイト・レディ＝メアリーくらいのようだ。

英国での幽閉場所の一つだったボルトン城では、黒いベルベットのドレスを着た彼女の姿が、ホールや中庭を歩く様子が目撃されている。また、メアリーはシュルーズベリー伯爵の監視下に置かれた時期もあり、彼の所有する複数の城で過ごしたが、1930年代には、その中の一つである、ヨークシャーのシェフィールドにあるマナーロッジで、壁をすり抜けて歩く彼女の幽霊が目撃されている。

メアリーが最後の時を過ごし、処刑されたフォザリンゲイ城（イングランド中部の内陸にあるノーサンプトンシャーの城）は、彼女の息子であるジェイムズ1世により取り壊されたが、解体されたその一部——石材や、オークで作られた階段、それも、メアリーが処刑場へ向かうために下ったとされる階段——が移設されたトールボット・ホテルに、白いドレスにショールとキャップを身に着けたメアリーの幽霊が現れ、一晩中すすり泣くという。これは、メアリーの処刑前夜の姿だ。移設されたオーク材の階段は、生前のメアリーが最後に人々に目撃された場所であるとされ、幽霊も、まさにその階段の上に現れるそうだ。メアリーの幽霊が階段を下るところが目撃されたとも言われている。霊の姿は視えなくても、すすり泣きだけが聞こえた、階段が軋む音が聞こえた、という報告もある。このホテルにはメアリーの肖像画が飾られ、件の階段を上ったところには、「メアリー・スチュアート」と名づけられた部屋があるそうだ。

DATA

スターリング城のデータ

Stirling Castle

現在まで残る城の建築物の多くは16世紀に建築された。

1513年、ジェイムズ4世（1473－1513）はフランスとの古き盟約に基づいてイングランドに宣戦したものの敗れて討たれた。生後わずか17か月のジェイムズ5世（1512－42）が戴冠したのはスターリング城の王室礼拝堂だった。ジェイムズ5世は長じて、1540年ごろ、城内に王宮を建築した。王宮はスコットランドにおける初期ルネサンス建築の代表例の一つだ。

また、同じく1540年代、脆弱だった東側面の防御のため、「フレンチ・スパー」を建設している。これは中世以来の高い城壁ではなく、火砲に対する防御と要塞砲の運用を考慮した近世の稜堡（りょうほ）※式築城である。1543年、王室礼拝堂で女王メアリー・スチュアート（1542－87）が戴冠した。1566年には後のジェイムズ6世（1566－1625）がこの礼拝堂で洗礼を受けている。1570年代、彼は幼少の時代をここで過ごした。1594年、今度はジェイムズ6世の息子ヘンリーの洗礼式が行われている。このために王は王室礼拝堂を新たに建立した。これが現存する王室礼拝堂の建築物だ。1603年、英国女王エリザベス1世（1533－1603）が崩御すると、ジェイムズ6世がジェイムズ1世として英国王に即位した。彼の曾祖母は父方母方ともに、テューダー朝初代の王ヘンリー7世（1457－1509）の娘マーガレットだったのである。ジェイムズはイングランドに移ったが、将来のスコットランド王の戴冠式に備え、1628－29年、王室礼拝堂にはヴァレンティン・ジェンキンに壁画を描かせている。

1688年の名誉革命以降、ジェイムズ2世（1633－1701）派（ジャコバイト）の反乱がたびたび起こり、スターリング城の防衛も強化された。1689年にグランド・バッテリー（大砲郭）、1708－14年に外部防御築城が構築されている。

※ 稜堡とは囲壁の隅から突出した、角形平面の防御築城のこと

スターリング城の間取り〈17世紀当時〉

現存する最古の部分は北門であり、1381年に建築された。スチュアート朝初代の王ロバート2世（1316－90）の治世下のことだった。彼は即位前の1342年、イングランドからこの城を奪還した人物である。

トールボット・ホテルの階段で涙を流す、白いドレスにショールとキャップを身に着けたメアリーの幽霊。

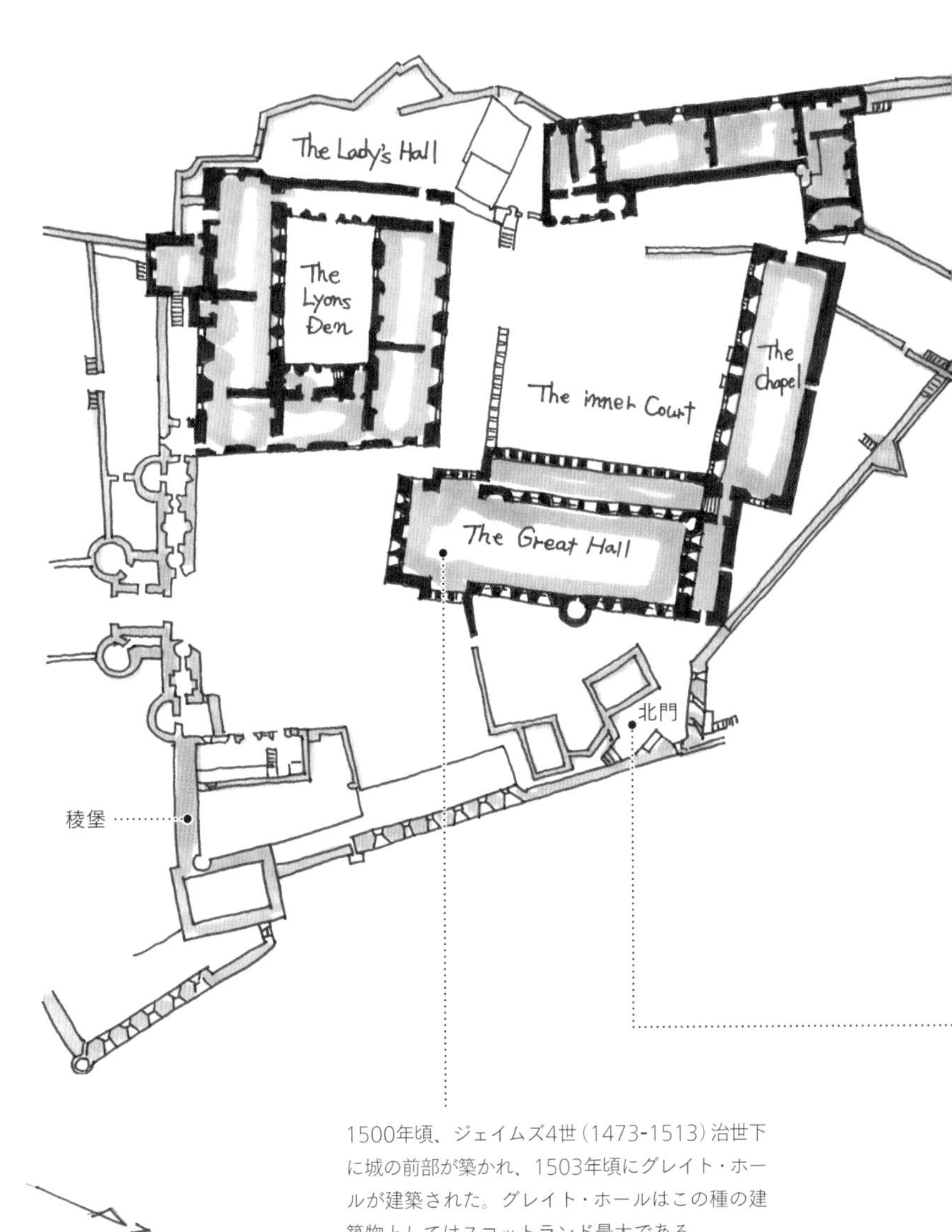

1500年頃、ジェイムズ4世（1473-1513）治世下に城の前部が築かれ、1503年頃にグレイト・ホールが建築された。グレイト・ホールはこの種の建築物としてはスコットランド最大である。

THE PALACE OF HOLYROODHOUSE

惨劇の舞台 ホリールードハウス宮殿

建築家・ウィリアム・ブルースの手でジェイムズ5世の塔と同じ外観の塔が宮殿南西隅に、正面全体が左右対称形になるように増築された。一方、これらの塔の間の正面中央入口は、古典主義建築のオーダーの手法を用いて、ドリス式双子柱に挟まれる形で新たにデザインされている。この入口をくぐると、回廊を備えた方形平面の中庭が広がっている。

ハノーヴァー朝時代にはあまり顧みられなかったが、1822年、ほぼ200年ぶりにスコットランド王の臨御を仰ぐこととなった。このジョージ4世のスコットランド滞在を契機として、王のアパートメントの諸室や宮殿南端のファサードが改められた。女王ヴィクトリア治世期にも2階の王のアパルトマンが改装され、水道設備が更新された。この時、チャールズ2世の私的寝室を増改築して「モーニング・ドローイング・ルーム」(朝の貴賓室)が設けられた。

現在のホリールードハウス宮殿の姿

スコットランドのエディンバラにあるホリールードハウス宮殿[※1]は、1530年代にスコットランド王宮として整備された。エリザベス2世が毎年夏にスコットランドを訪問した際には公邸として使われ、現在も国王やほかの王族が滞在していない時期は観光地として公開されている。

ここを住居とした人物としてもっとも有名なのは、スコットランド女王メアリー・スチュアートだろう。Case6でその波乱万丈な人生について書いたが、最終的にイングランドで処刑されることとなる彼女が、反乱軍から逃げてイングランドに逃げ込む前、スコットランドに住んでいたころの居城の一つが、ホリールードハウス宮殿である。

1560年12月5日、最初の夫であるフランス国王フランソワ2世が16歳の若さで病死すると、メアリーは翌年8月にスコットランドに帰国した。スコットランド女王であり、イングランドの王位継承権も持つ彼女の再婚相手には各国の王族や有力な貴族が候補にあがったが、様々な理由から結婚には至らず、メアリーは1565年7月、4歳年下の見目麗しいダーンリー卿ヘンリー・スチュアート[※2]と恋に落ちる。二人は、知り合って数か月で、ホリールードハウス宮殿のチャペルで結婚式を挙げた。メアリーは23歳だった。

ダーンリー卿はヘンリー8世の姉の孫であり、メアリーと同様、イングラン

※1
「ホリールード」とは「聖なるキリスト磔刑像」という意味である。1128年、スコットランド王デイヴィッド1世が鹿狩の最中、左右の角の間にキリスト磔刑像が掛かっている雄鹿のヴィジョンを見たことに由来し、王はその付近に修道院などを建立した

※2
1545-67。スコットランド女王メアリー・スチュアートの2番目の夫

ドの王位継承権を持っていたため、彼とメアリーの結婚は、当時の英国女王エリザベス1世にとっては警戒すべきことだった。それだけが理由ではないだろうが、周囲からは反対の声も多くあがったようだ。反対の声を無視して結婚したものの、このダーンリー卿、いいのは見た目だけで、酒癖が悪く傲慢な性格だったとされている。彼に対するメアリーの愛情はすぐに冷め、二人の仲は険悪になった。夫婦関係が悪化するにつれ、メアリーは、デイヴィッド・リッツィオ（1533頃－1566）というイタリア人の音楽家を秘書として寵愛するようになる。

結婚の翌年である1566年3月9日、リッツィオはホリールードハウス宮殿のメアリーの部屋で他数人とともに食事をとっていたところをダーンリー卿の仲間の貴族たちに襲撃された。リッツィオはメアリーのドレスにしがみついて抵抗したが、部屋から引きずり出され、メアリーの目の前で殺害される。

彼の遺体は階段から落とされ、身に着けていた豪奢な衣装や宝石は剥ぎとられた。この場にダーンリー卿がいたかどうかは定かではない（彼の命を受けた別の領主たちが実行したのかもしれない）が、リッツィオの遺体には、ダーンリー卿のナイフが残されていたという。当時、妊娠中だったメアリーは、この惨劇の一部始終を目撃した。非常なショックを受けただろうが、この後、無事、後にジェイムズ6世[※3]として英国及びスコットランド国王に即位することとなる息子を出産している。

リッツィオが殺害された場所の床板には、何世紀もの間に渡って血痕が残り、観光客もそれを見ることができた。その部分の木材は何度も取り換えられたが、そのたび同じ場所に血の跡が浮き出てきたという。また、夜遅くになると、宮殿内では不審な物音が聞こえることもあり、リッツィオの霊がホールを歩き回っているという目撃談もある。

この事件については、夫が妻の愛人を嫉妬のあまり殺したという単純な話ではなさそうだ。リッツィオがメアリーに対し政治的な影響力を持つことを恐れてのことだとする説もあれば、ダーンリー卿はメアリーの殺害をもくろんでいて、だからこそ彼女がショックを受けて流産し、死亡することを狙って目の前でリッツィオを惨殺したのだという説もある。ダーンリー卿は担ぎ上げられただけで、彼を裏で操っていたのは、メアリーが死ねば彼が王位につけると彼をそそのかす、反メアリー派のグループだったとする説も有力だ。リッツィオ殺害の黒幕はダーンリー卿ではなく、メアリーの政治顧問であったマリ伯[※4]であるとする説もある。中でも異色であり興味深いのは、リッツィオはメアリーの愛人ではなく、ダーンリー卿の愛人だったという説だ。そうすると、彼の死には

※3
1566－1625（在位1603－25）。スコットランド王としての在位は1567－1625

※4
メアリーの異母兄であり、ダーンリー卿と結婚した直後のメアリーに対して反乱を起こしイングランドへ亡命していた。後にメアリーがイングランドへ亡命することとなるのは、彼の率いる軍に敗れたためである

また別の物語が見えてくる。それもドラマティックだが、やはりここは、反メアリー派によるクーデターの一環だったと考えるのが一番現実的だろう。

リッツィオ殺害から1年後、1567年2月10日、病に倒れたダーンリー卿がエディンバラの屋敷で臥せっていたとき、大きな爆発が起きた。屋敷は吹き飛び、ダーンリー卿は召使いともども、遺体で発見される。最初は爆発のせいで亡くなったと思われたダーンリー卿の遺体は裸で、首を絞められた跡があった。捜査の結果、犯人は国外へ逃亡したと発表され、メアリーはダーンリー卿の死から3か月後、ホリールードハウス宮殿の大広間で、スコットランドの名門貴族ボスウェル伯爵ジェイムズ・ヘプバーン卿（1535-78）と結婚した。

ボスウェル伯はメアリーに信頼されていた友人で、リッツィオが襲撃されたときもその場に居合わせ、自身も襲われる危険を感じて窓から逃げたとされている人物である。メアリーはダーンリー卿の死後、ボスウェル伯にだまされて彼の城へ連れていかれ、凌辱されたとされている。当時、凌辱された女性、特にその結果妊娠した女性は、加害者と結婚することが珍しくなかった。メアリーはボスウェル伯の子を妊娠していた（後に流産した）という。これが事実であれば、メアリーは被害者ということになるが、二人はダーンリー卿の生前から恋人同士で、凌辱されたためやむなく妻となったという発表は茶番であるとも噂された。

当時、ダーンリー卿殺害の犯人はボスウェル伯であると目されていたが、証拠はなかった。それでも、ボスウェル伯と、彼と結婚したメアリーに対する国民の反感は強く、反乱が起き、その結果メアリーは廃位され、イングランドへ亡命することになる。

現在に至るまで、ダーンリー卿殺害の犯人は、メアリーとボスウェル伯だというのが定説のようだが、一方で、反対に、ダーンリー卿のほうがメアリーを殺害しようとして失敗した結果だ、という説もある（だとすると、リッツィオの殺害はメアリー殺害のいわば前哨戦だったということになる）。

妻やその新しい愛人に殺されたにしろ、自分で妻の暗殺を企てて、文字通り自爆したにしろ、死んでも死にきれない気持ちは変わらないだろう。ダーンリー卿は幽霊となって、その姿は、亡くなった場所ではなく、かつての居城であるホリールードハウス宮殿や、その周辺で何度も目撃されている。

なお、この宮殿に現れる幽霊は、メアリーの夫や秘書だけではない。スコットランド国王ジェイムズ6世――メアリーの息子である――によるスコットランド発の大規模な魔女裁判「ノースバーウィック魔女裁判」で魔女として処刑されたアグネス・サンプソンという女性の霊も有名である。

1590年に、助産師だった彼女は魔女狩りにあい、逮捕された。ギリス・ダンカンという男の告発を受けてのことだったが、彼の証言以外に証拠は何もなかったという。ジェイムズ6世が自ら法廷に赴いて、魔女裁判が行われ、アグネスはホリールードハウス宮殿に投獄され、拷問された。舌を固定するくつわをはめて反論する術を奪い、眠れないよう繰り返し鞭打つなどの過酷な拷問に耐え切れず自白した彼女は、1591年1月28日に死刑を宣告され、エディンバラのキャッスル・ヒルで火炙りにされた。彼女の死後、裸のアグネスの幽霊が宮殿の回廊をさまよう姿が何度も目撃されている。その体には、拷問の痕があるという。

ところで、この宮殿は、メアリーに関連する幽霊城の中でもっとも有名と言ってよいにもかかわらず、不思議なことに、メアリー本人の幽霊の目撃談はほとんど見つからない。生前幽閉されていた場所やわずかな期間滞在しただけの場所にも現れるとされているメアリーなのに、リッツィオとダーンリー卿の幽霊が出る場所には、いくら彼女といえども現れづらいのだろうか。ダーンリー卿の殺害にメアリーがかかわっていたのだとしたらなおさらだ。

ボスウェル伯との関係はさておき、ダーンリー卿殺害については、個人的には、メアリーが無関係だとは思えない。屋敷ごと爆発するという、暗殺の手口として目立ちすぎるやり方を、経験豊富な軍人であったというボスウェル伯が企てたとは思えず、むしろ、その手口の芝居がかった派手さは、いかにもメアリーが考えそうなこと、という印象を受ける。爆破したのに遺体が燃えずに残ってしまったため、絞殺されたことがわかってしまったというのも、どこか彼女らしい詰めの甘さだ。メアリーは陰謀や、手の込んだことが大好きで、後に監禁されてからも、様々な変装をして脱出しようとしたり、英国女王エリザベス1世の暗殺に加担するため、暗号や炙り出しを駆使した密書を作り、それらを豚の膀胱に入れて酒樽の中に隠すなどの凝った方法で外部とやりとりを試みたりしている。そして、ほとんど失敗している。

ダーンリー卿の遺体が裸だったのは、単に、療養中のため薄い寝間着姿だったのが爆発で吹き飛んだとか、着替えの最中だったとか、そんな理由かもしれないが、リッツィオが、殺害後、高価な衣装や装飾品を剥ぎとられたという事実を思い出すと、そこにもメアリーの意趣返しの意味があったのではないかと、個人的には疑ってしまう。

もちろん、確かめようのないことだ。決定的な証拠は何もない。しかし、彼女が派手な演出を好む女性だったことは、メアリー犯人説の根拠の一つになる。後にイングランドで処刑されるときすら、真っ黒なドレスを着て処刑台へ上がり、それを脱ぎ捨てると真っ赤なドレスが現れる――というように、劇的な演出をしたほどだ。しかしそのせいで処刑人はひどく動揺し、三度も斧を振り下ろさなければメアリーの首を落とすことができなかったという。最後の最後まで波乱万丈だ。

処刑人が首を持ち上げようとして髪をつかんだら、かつらがとれ、白髪のメアリーの頭部が床に落ちたとか、首を落とされた後もメアリーの唇は動いたとか、処刑されたメアリーのドレスの下に、彼女が飼っていた小さな犬がまとわりつき、死体から離れようとしなかったとか――メアリーの処刑に関しては、興味深いエピソードが数多く残されている。

彼女が積極的に陰謀に加担していたにしろ、実際には周囲に誤解され、振り回されただけの被害者だったにしろ、生前の人生は、最後の最後まで波乱万丈だったメアリーだが、今も残る彼女のデスマスクは愛らしく穏やかな表情で、まるで少女のようである。

DATA

ホリールードハウス宮殿のデータ

The Palace of Holyroodhouse

1

１９５年から１２３０年にかけて、当初建立された教会堂が手狭になってきた。修道院は拡張され、回廊、集会室、食堂、そして、王室用諸室が増築されていった。教会堂は宮殿の北東隅に廃墟になりながらも現存する。

１４８８年から１５１３年にかけてのジェイムズ4世治世期、王はここにたびたび滞在するようになっていた。１５０３年8月8日、英国王ヘンリー7世の娘マーガレット・テューダーを王妃に迎えるにあたって、王宮がここに遷された。宮殿として本格的に整備され始めたのはこの時だ。１５２８年、彼らの息子ジェイムズ5世は、宮殿の北西隅に、跳ね橋と掘を備えた巨大な城塔を増築し、王宮の守りを固めた。塔の上部にはマシクーリ（石落とし）も備えられていた。この塔が現存する本城最古の建築物となる。女王メアリー1世の治世の後、その息子ジェイムズ6世は、1579年から、1603年にジェイムズ1世として英国王位に就くまでここを居城とした。1633年、ジェイムズ1世の息子チャールズ1世がスコットランド王としての戴冠式を迎えるにあたって、宮殿西側正面が改築された。だが、1650年、英国革命（かつて清教徒革命と呼ばれていた）時のダンバーの戦いの後、クロムウェル軍によって占拠され、火災による被害もあった。1660年、王政復古が成り、新王チャールズ2世は再びホリールードハウス宮殿をスコットランド王の王宮として定めた。1671年から1676年までウィリアム・ブルース（1630頃－1710）によって改築事業が行われた。ブルースは多くのカントリー・ハウスを手がけた、当時のスコットランドの代表的な建築家で、スコットランド王の建築総監（Surveyor General）の職にあった。この事業により、現存する部分のほとんどが建築された。

ホリールードハウス宮殿の間取り〈16世紀当時〉

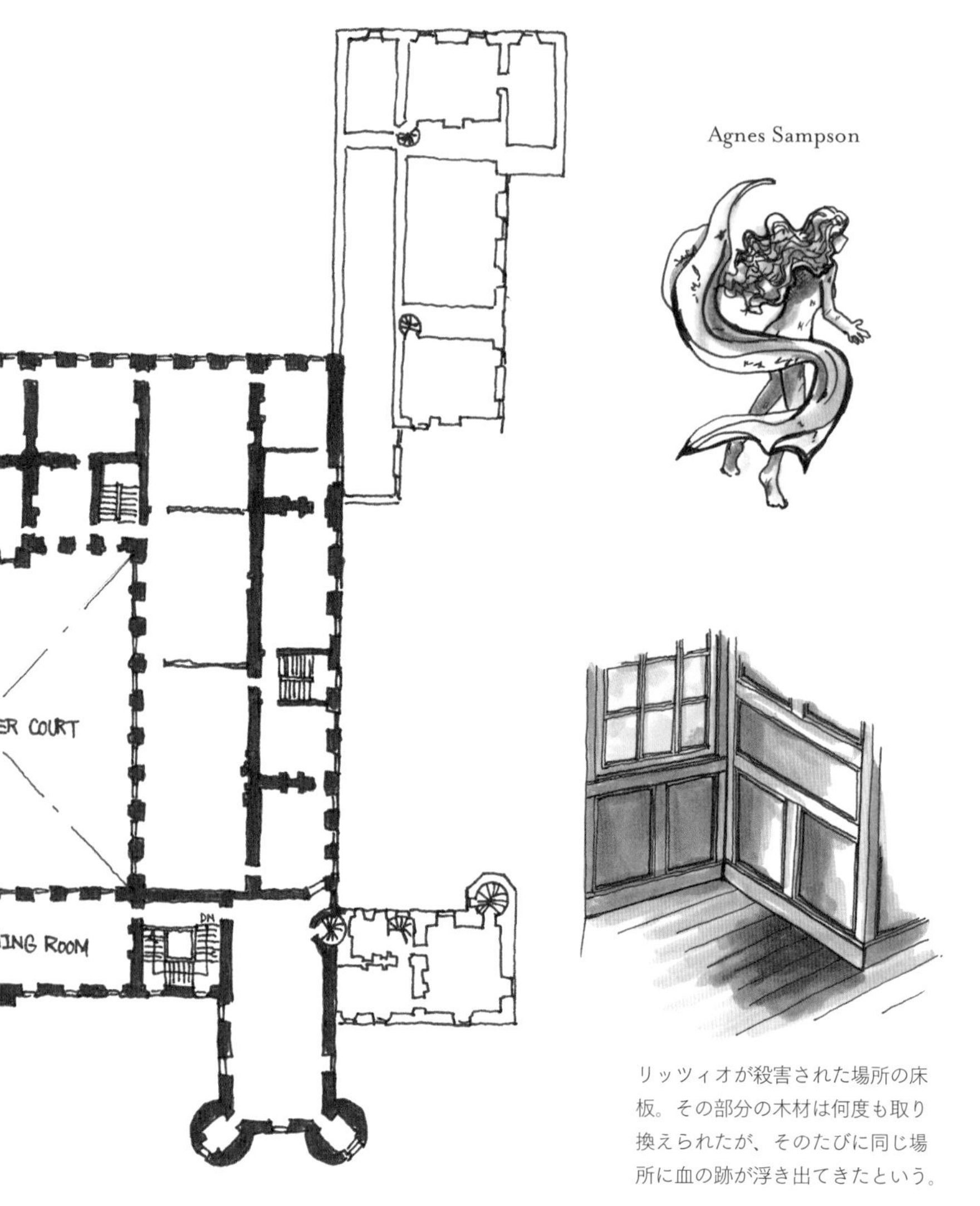

リッツィオが殺害された場所の床板。その部分の木材は何度も取り換えられたが、そのたびに同じ場所に血の跡が浮き出てきたという。

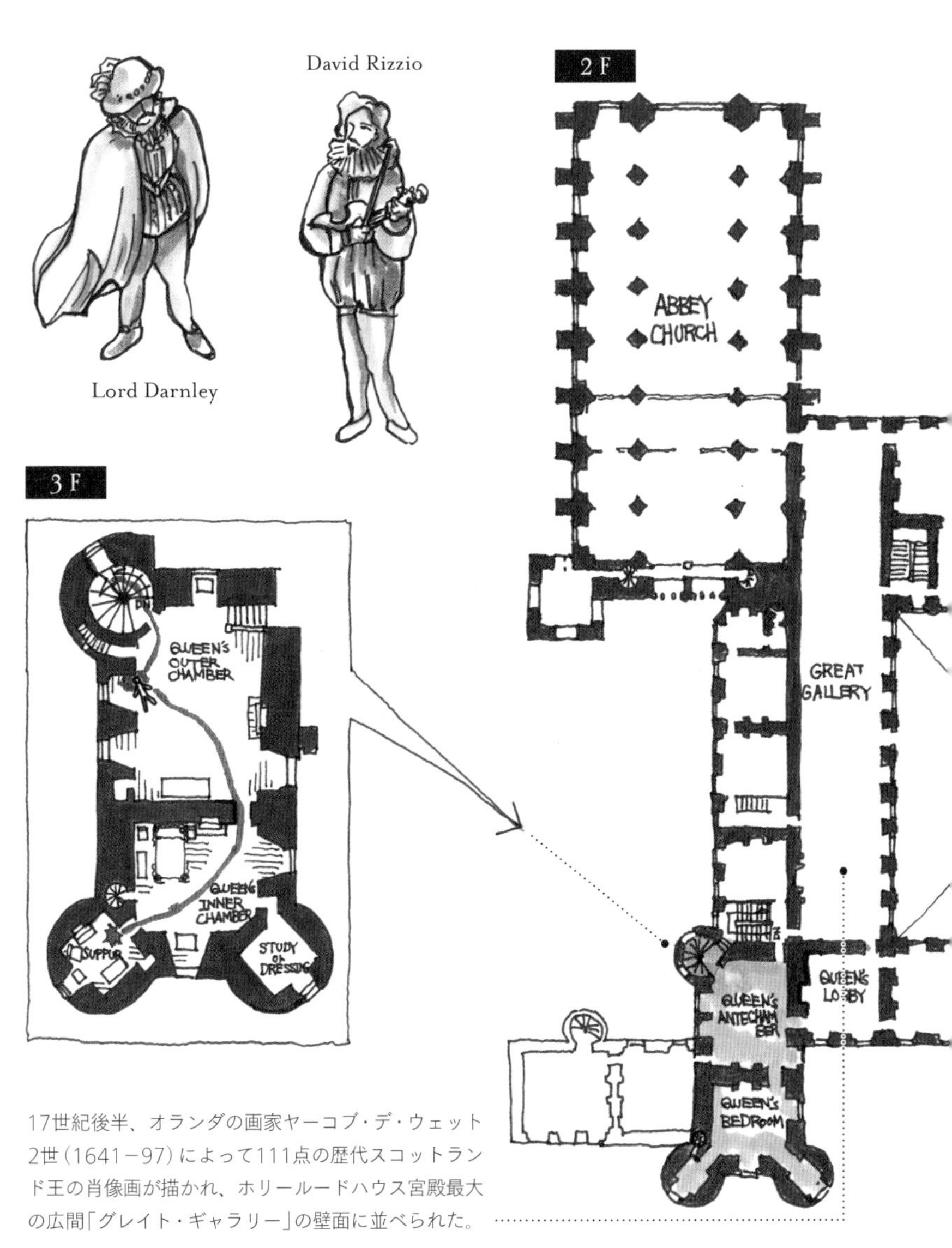

17世紀後半、オランダの画家ヤーコブ・デ・ウェット2世（1641－97）によって111点の歴代スコットランド王の肖像画が描かれ、ホリールードハウス宮殿最大の広間「グレイト・ギャラリー」の壁面に並べられた。

The HAUNTED CASTLE Case 8

GLAMIS CASTLE

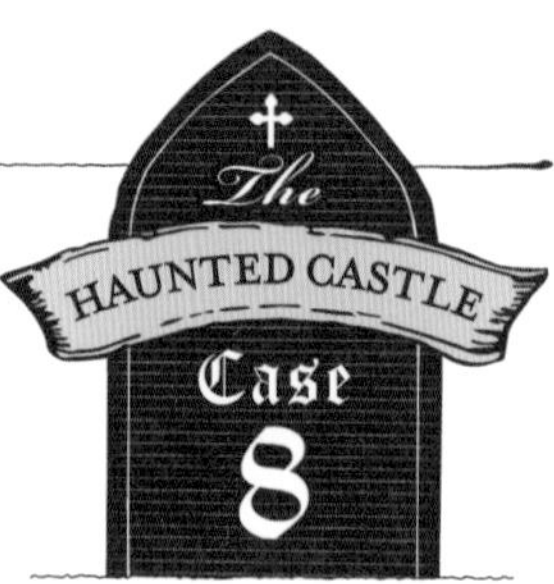

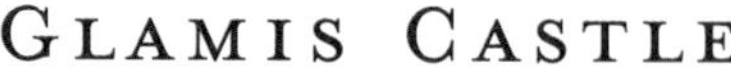

伝説と秘宝の宝庫 グラームス城

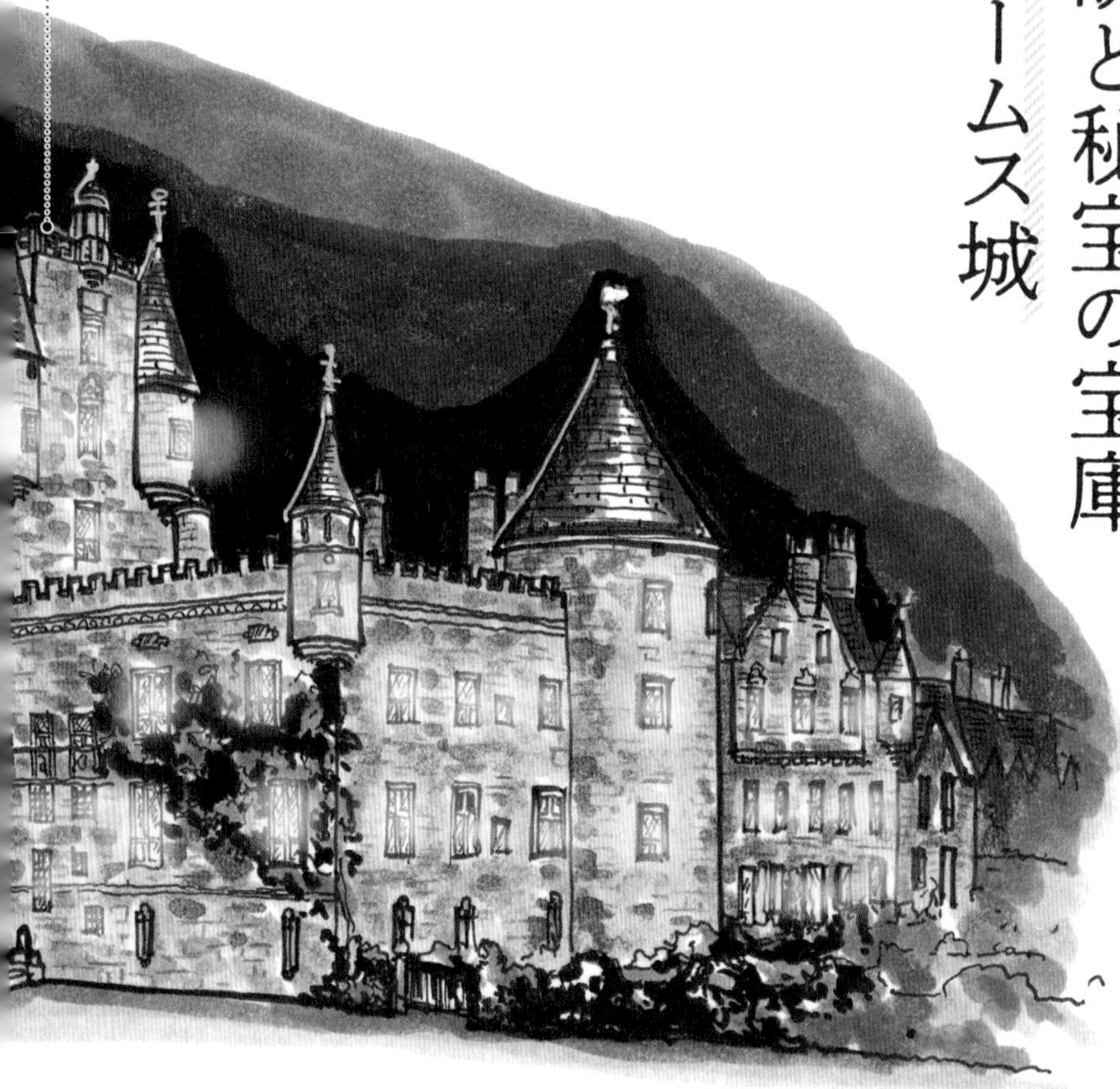

タワー・ハウスとは14世紀後半から17世紀にかけて建造されてきたスコットランド独特の築城形式で、多くは長方形平面の多層建築だった。通常、1階に家畜などが収容され、2階に厨房、3階にグレイト・ホール、4階より上に寝室などが配置された。「ベイリー」または「コート」と呼ばれる曲輪（くるわ）のようなものを備えた形式よりも手軽に建造できるため、領主だけでなく裕福な地主階級にも広まった。16世紀以降、タワー・ハウスの軍事的な意義が薄れてくると、その周囲に付属棟が建築されて拡張されていき、17世紀から18世紀にかけてカントリー・ハウスとして整えられていったものが多い。 その際、タワー・ハウス内のグレイト・ホールは本事例のようにドローイング・ルーム（貴賓室）に改装された。

現在のグラームス城の姿

グラームス城はスコットランドのアンガス州・グラームス村にある。エリザベス2世の母が幼少期を過ごし、マーガレット王女を出産した場所であり、シェイクスピアの戯曲『マクベス』の舞台となった城のモデルとして知られる一方で、数多くの伝説と秘密のある城としても有名で、スコットランドでもっとも呪われた城の一つとされている。もともとスコットランド王家のハンティング・ロッジ（狩猟用ロッジ）だったが、1372年にスコットランド王ロバート2世から、娘婿であるジョン・リヨン（ライアン）卿に与えられ、それ以来、リヨン家（現ストラスモア・キングホーン伯爵）の居城である。与えられた当初は粗末な二階建ての家だったが、ジョン・リヨン卿の息子がそこに城を築き、初代「グラームス卿」となった。ロバート2世からこの土地を与えられたジョン・リヨン卿は、先祖代々伝わる聖杯を、外へ持ち出せば祟りがあるという言い伝えを無視して、それまでに住んでいたフォートビオットの屋敷から、グラームス城へと移した。その約10年後、ジョン・リヨン卿は決闘で死亡し、その後城で起きたさまざまな怪現象も、聖杯のせいではないかと噂されるようになった。※1

グラームス城には、興味深い伝説が数多く存在するが、中でも特に興味深い

※1
そもそも、築城される前にこの土地に建っていたハンティング・ロッジでは、前王を殺害して王位を奪い、残忍な性格から「破壊王」と呼ばれたスコットランド王マルカム2世が、反乱を起こされて臣下たちに殺害されていて、最初からいわくつきの場所である

のが、ギャンブル狂のビアーディ伯の話だ。12世紀半ば、ある土曜日の夜に第4代クロフォード伯爵のアール・ビアーディ（「ビアーディ」は顎髭という意味であり、「アール・ビアーディ」という呼び名はつまり「顎鬚伯爵」というあだ名である）が、グラームス城に招かれカードを楽しんでいたが、深夜をすぎて安息日になってもカードをやめなかったために悪魔が現れ、ゲームに参加を表明した。愚かにもこれに乗ったビアーディ伯は賭けに負けて魂を奪われ、その後死亡した（1453年9月に熱病で死亡したとされている）。彼は悪魔と勝負をした部屋で永遠にゲームを続けていると言われ、夜になると賭け事をする声や、恨み言、罵り声、さいころを振る音などが聞こえてくるという。

何年もの間、深夜の騒音が続いたため、この部屋はレンガの壁で埋められたが、幽霊を閉じ込めることはできなかったらしく、今でも彼の霊は夜の城内を徘徊していると言われている。彼の霊がじっと見ていたとか、ベッドで寝ているところに覆いかぶさってきたとか、訪問者たちからの報告も何件もある。

なお、悪魔とのギャンブルで魂をとられたのはビアーディだけで、一緒にいたグラームス城主は安息日を理由にギャンブルを断ったとする話と、一緒にいたグラームス城主も一緒にギャンブルをしたという話がバージョン違いで伝わっているが、このエピソードを誰が伝えたのか、ということを考えると、前者としたほうが筋が通る。

ところで、文献によっては、このエピソードについて、「グラームス城主『アール・ビアーディ』が友人のクロフォード伯『タイガー』とカードを楽しんでいたところへ悪魔が現れ」「グラームス領主が魂をとられた」としているものもある。これは、グラームス城の2代目領主と、4代目クロフォード領主アレクサンダー・リンゼイ・クロフォード伯が、どちらもアール・ビアーディというあだ名で呼ばれていたために起きた混同であると思われる。「アール・ビアーディ」も「タイガー」も、4代目クロフォード伯のあだ名であることから、少なくとも――真偽はさておき――元の話では、魂をとられたのはクロフォード伯のほうであったと考えるべきだ。

グラームス城ではかつて、黒人の召使に敷地内を走らせて狩りたてるという残虐な「狩り」が行われ、その結果、城内を逃げ惑う「ジャック・ザ・ランナー」と呼ばれる幽霊が現れるようになったとされているが、その狩りを主宰したのもアール・ビアーディであると言われている。こちらのビアーディはギャンブル狂の第4代クロフォード伯ではなく、2代目グラームス城主のほうだろう。

さて、この「レンガで埋められた部屋」というモチーフは、グラームス城の伝説にたびたび登場する。一族に生まれた子どもが異形だったため、城内の隠し部屋に監禁され、死後は部屋ごとレンガの壁で埋められたという「グラームスの怪物」の伝説は特に有名である（ストラスモア家では一世代に一人吸血鬼の子どもが生まれるという話もある）。城の使用人が城内の通路の先に扉を見つけ、その奥で人間のようなヒキガエルのようなものを目撃したが、当時の伯爵に金を渡されて国を出た等という、ある程度具体的なエピソードも残っている。

「怪物」は200年近く生き、歴代城主たちにのみその存在が伝えられていた、と噂されているが、仮に城主たちが先天的な障害のある子どもを隠したという悲劇が事実だとして、現実的に考えれば、異形の子どもは200年間で何人か生まれていたと考えるべきだろう。だとしたら、この場所か、あるいはストラスモアの遺伝子に、何か原因があったのかもしれない。

「怪物」に関するエピソードは17世紀末ころからあったとされているが、19世紀になり、ある記者が「関係者から聞いたことがある」として「グラームス城の怪物」の話を記事にしてから、この伝説は一般に広まり、目撃談も集まりだした。しかし、「怪物」の伝説自体が、この城で実際に起きたとされているオギルヴィ家の事件と、その話に登場する「頭蓋骨の部屋」をヒントに創作された話なのではないか、とも言われている。

1486年、当時激しく対立していたリンゼイ家の者に追われたオギルヴィ家の人間が数人、保護を求めてグラームス城を訪れたが、当時の城主はリンゼイ家と通じていたため、彼らを招き入れて隠し部屋に閉じ込め、そのまま餓死させた。何週間か後に城の者が扉を開けると、ただ一人残ったオギルヴィの男は家族の死体を食べて生き延びていたという。彼らを閉じ込めた部屋を遺体ごと埋めた「頭蓋骨の部屋」が、グラームス城には存在すると言われている。

グラームス城には伯爵家の当主にだけ伝わる秘密があり、跡取りが21歳になると伝えられるとされている。1905年、クロフォード伯爵デビッド・リンゼイは、グラームス城に秘密など存在しないという趣旨のことを述べているが、彼が、オギルヴィ家と対立していたリンゼイ家の末裔であることを考えると、鵜呑みにはできない。

当主に伝わるという秘密が「グラームスの怪物」や「頭蓋骨の部屋」に関係するものなのかはわからないが、秘密の部屋の存在をほのめかす逸話は、20世紀以降も散見され、決して古い伝説上だけのものとも言えない。たとえば、城を訪れた一部の客が、秘密の部屋を見つけようと、城内のすべての部屋の窓にタオルをかけてみたことがあった。城の中を探しても、秘密の部屋は見つからなかったが、外から見ると、窓にタオルのかかっていない部屋がいくつかあったという。当時の城主であった14代目クロード・ジョージ伯爵は、客たちの行為に激怒したと言われている。

この14代目伯爵は、後に、城の管理人に城の秘密を打ち明けたとされる。この管理人は、それ以来グラームス城には泊まらないと誓い、後に秘密を知りたがった15代目伯爵夫人に、「知らないほうが幸せ」「知ってしまえば永遠に幸せではなくなってしまう」と話したという。

「グラームスの怪物」は幽霊ではないので本書の趣旨から若干逸脱してしまったが、血なまぐさい伝説には事欠かない城である。当然、幽霊の目撃談も多い。たとえば、城内のチャペル（礼拝堂）に現れる、グレイ・レディと呼ばれる女性の霊がいる。彼女は6代目のグラームス城主の妻、ジャネット・ダグラスであるとされている。ジャネットは、夫であるグラームス伯の死後、スコットランド王ジェイムズ5世[※2]により魔女として糾弾され、エディンバラ城に投獄

※2
1512－42（在位1513－42）。母マーガレットの再婚相手のアーチボルト・ダグラスに戦争の道具にされた

された後、火あぶりにされた。彼女への疑いはまったく根拠のないもので、ジェイムズ5世は、義父であったアーチボルト・ダグラス（ジャネットにとってはきょうだいである）に恨みを抱いていたため、ダグラス一族ごと処罰しようとしたのだとされている。ジェイムズ5世のこの行動は、当時も暴動が起きるほど批難された。ジェイムズ5世は、ジャネットの息子にも死刑を言い渡したが、彼はジェイムズ5世の死後に釈放された。また、ジャネットの無実も認められ、王家に没収されていたグラームス城は彼女の息子に返還されている（ジェイムズ5世の娘であるメアリー・スチュアートは、1562年にグラームス城を訪れ、その息子ジェイムズ6世も1606年、祖父の行為への償いとして、グラームス城主にキングホーン伯爵という爵位を与えている）。

城内の礼拝堂では、グレイ・レディ――ジャネットの霊が跪き、祈りを捧げている姿が何度も目撃されている。恨みを抱いている様子はなく、穏やかな姿で現れ、やがて消えるそうだ。城内の礼拝堂の最後列、右端には常に彼女のための席があり、ストラスモア伯爵家の人間も、誰もその席に座ることはないという。

逸話のある霊はグレイ・レディだけではない。少年の幽霊が、女王の居間のドアのそばにある石の椅子に座っているのが何度か目撃されている。伝承によれば彼は、生前、いたずら者の小姓で、たびたび罰として石の椅子に座って反省するよう言われていた。ある冬の夜、城の者たちが彼のことを忘れて寝てしまったため、珍しく言いつけに従っていた少年は、石の椅子で凍えて死んでしまい、それ以来、その姿が石の椅子で目撃されるようになったのだという。今でも、この部屋に入った訪問者が、ときどき何かにつまずくのは、彼のいたずらだと言われている。

舌のない女性の幽霊が口から血を流しながらさまよっている、というおそろしい目撃談もある。舌をなくした自分の顔を指で示しながら城内を歩きまわるという彼女は、伯爵だけが知るはずの秘密を知ってしまい、それを暴露しようとしたために舌を落とされて殺された召使だと言われている。彼女らしき霊が、城の格子窓ごしに外を見ている姿も目撃されている。彼女の目撃した秘密は、グラームス城の秘密の部屋のことだったのだろうか。

DATA

グラームス城のデータ

Glamis Castle

アンガス牛で知られる、スコットランド北部アンガス州の平地に位置する。11世紀にマルコム2世がここで暗殺されたという言い伝えがある。1372年、ステュアート朝初代のスコットランド王ロバート2世からジョン・ライアン（1376年に王女と結婚）が賜ったが、当初は王家の狩猟館だったと思われ、現在の城館の最古の部分は15世紀前半以降のものである。その後、1540年にジェイムズ5世によって第6代グラームス城主の妻レディ・ジャネット・ダグラスが魔女として火刑に処されている。シェイクスピア

の『マクベス』の舞台とされ、マクベスがダンカンを暗殺したのはここだといわれている。

1606年、第9代グラームス領主が初代キングホーン伯爵となり、第3代伯爵は同時に初代ストラスモア伯爵に叙せられている。本城館が現在の姿に改装されたのは、この時期、17世紀から18世紀にかけてであり、さらに初期フランス・ルネサンス城館建築のような姿に改められたが、中央部に当初のタワー・ハウスは残っている。現在も英国王室との縁は深く、エリザベス2世の母が幼少期を過ごしたことで知られる。

城館の平面は、中央部に3層構成のかつてのタワー・ハウスを中心に、西側と南東側に付属棟を増築したもので、さらに北東方向に日の字形を描く付属棟がある。タワー・ハウス部分は3層構成で、1階に厨房、2階に「クリプト」とよばれるホール、3階にグレイト・ホールが配されている。グレイト・ホールの南東にはアンテ・ルーム(控えの間)、その反対側には礼拝堂があり、グレイト・ホールとアンテ・ルームの角には螺旋階段が設けられている。

グラームス城の間取り〈近世以降〉

3F

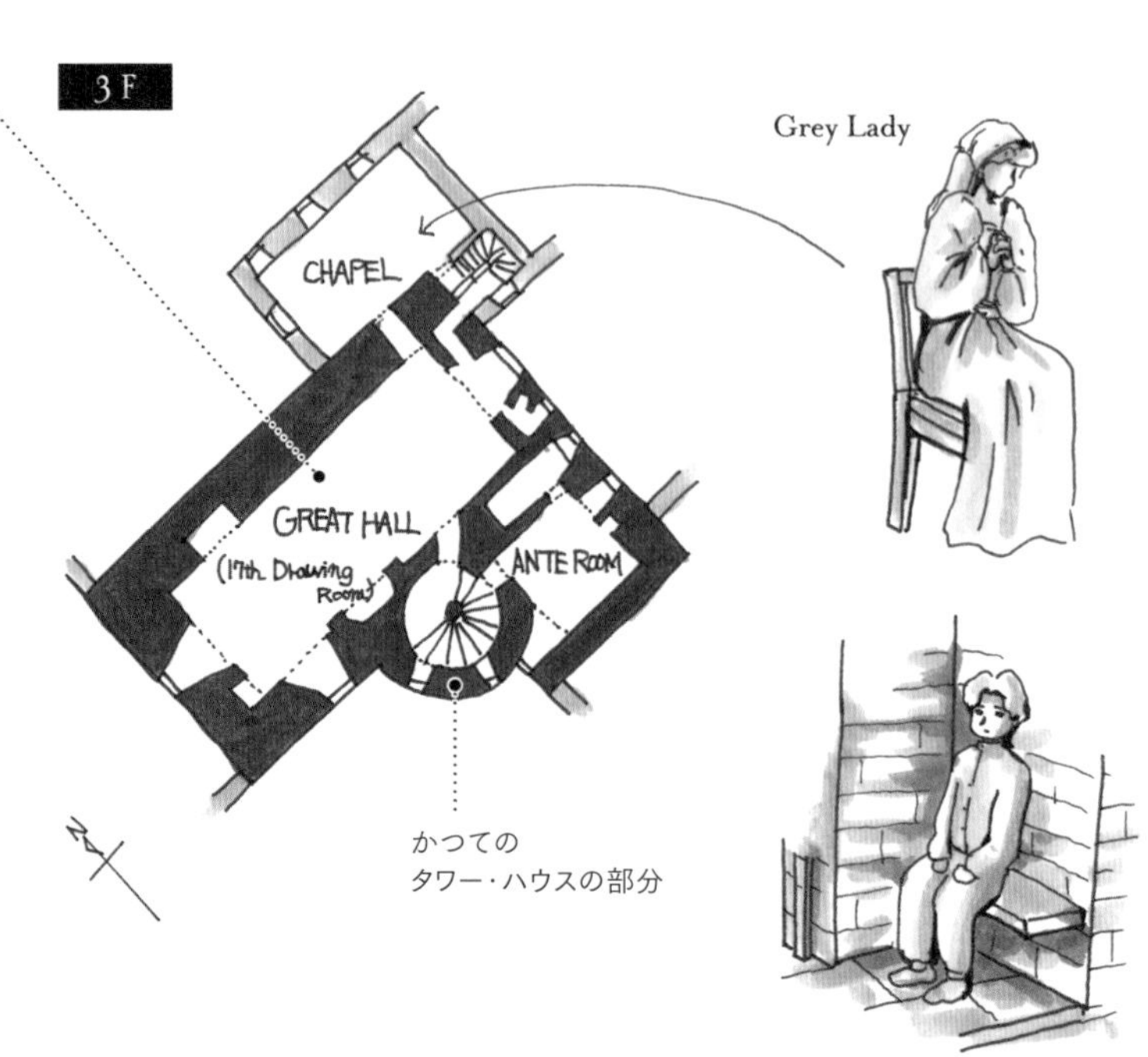

かつての
タワー・ハウスの部分

「グラームスの怪物」は城内の隠し部屋に監禁され、死後は部屋ごとレンガの壁で埋められたという。

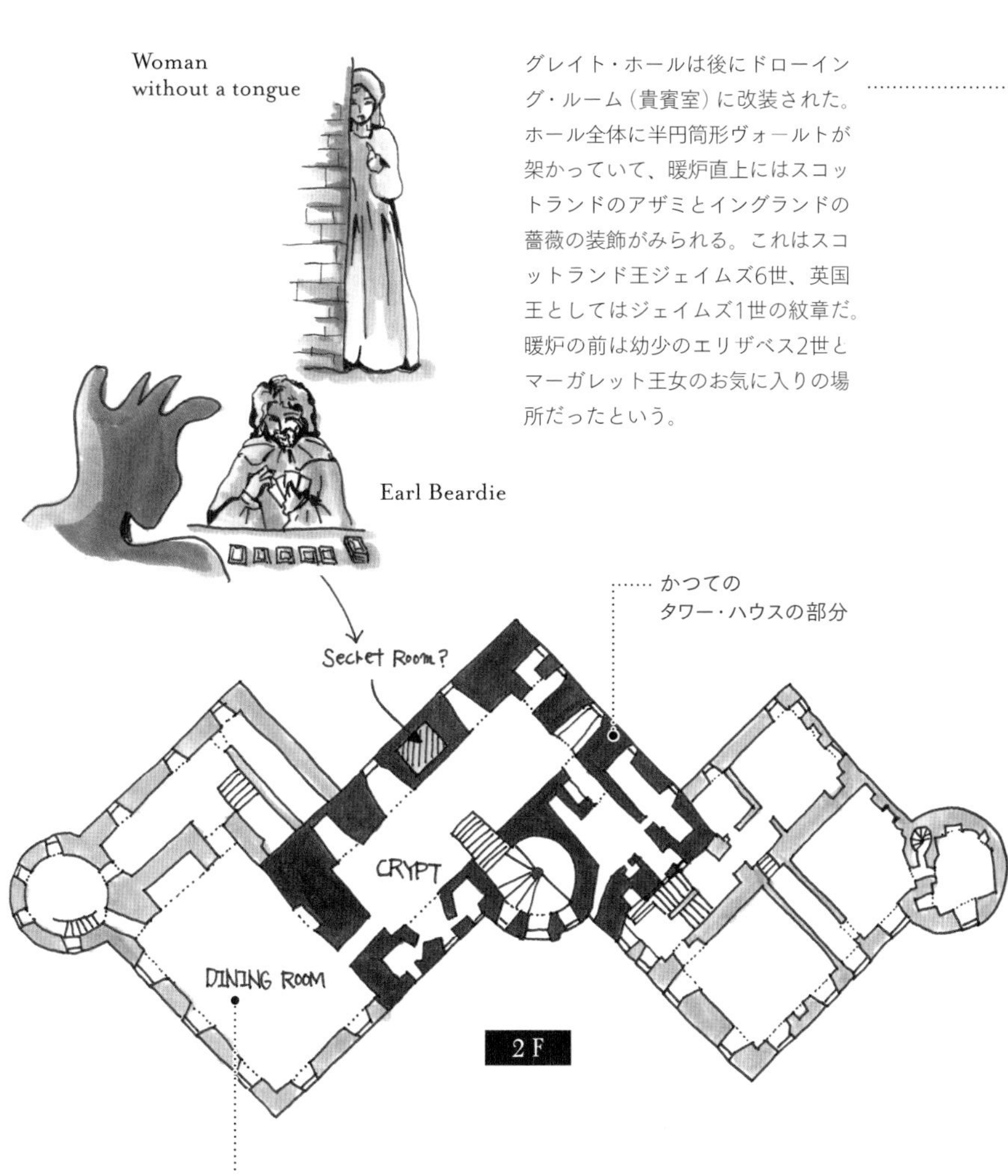

グレイト・ホールは後にドローイング・ルーム（貴賓室）に改装された。ホール全体に半円筒形ヴォールトが架かっていて、暖炉直上にはスコットランドのアザミとイングランドの薔薇の装飾がみられる。これはスコットランド王ジェイムズ6世、英国王としてはジェイムズ1世の紋章だ。暖炉の前は幼少のエリザベス2世とマーガレット王女のお気に入りの場所だったという。

ダイニング・ルームはタワー・ハウスの西側増築部2階にある。平天井だが、グリッド上にファン・ヴォールトで使われる「ペンダント」と呼ばれる垂れ下がったスタッコ装飾が施されている。その間にはイングランドの薔薇とスコットランドのアザミの装飾がみられる。一方、壁面の要所がピラスターで縁取られているのは古典主義的だ。

The HAUNTED CASTLE Case 9

EDINBURGH CASTLE

幽霊の町 エディンバラと エディンバラ城

デイヴィッド2世（1324−71）の再建事業以降も増築は続き、15世紀以降、最初の王のアパートメント（王の居室群）、グレイト・ホール、クラウン・スクエアが、既存建築物の石造ヴォールト直上に増築された。1452年にはヨーロッパ最大級の火砲「モンス・メグ」がジェイムズ2世（1430−60）に捧げられ、この城に布置された。だが、1571年、ラング攻囲戦でイングランド軍の猛砲撃により、デイヴィッド塔などの増築部分も含めて徹底的に破壊された。その後に築城も再開され、「七姉妹」とよばれる青銅製火砲が布置された「半月砲郭（はんげつ）」、北方に向けたアーガイル砲郭が整備された。

現在のエディンバラ城の姿

スコットランドのエディンバラは、イングランドとの宗教戦争の舞台となり、「世界で最も侵略を受けた都市」の一つとされる。それ故だろうか、世界で最も幽霊の出る町であるとも言われている。町の中には、戦争、虐殺、魔女裁判等の血なまぐさい出来事の舞台となった跡地が散在していて、「世界一呪われた墓場」と言われ、ハリー・ポッターシリーズのヴォルデモート卿のモデルとなった人物の墓があるとされるグレイフライアーズ・カークヤードや、地下都市ブレア・ストリート・ヴォールトなど、有名な心霊スポットも多い。それらを回る観光ツアーまである。そのエディンバラの中でも最古の建物であるエディンバラ城は、断崖絶壁にそびえたつ、スコットランド・エディンバラのランドマークともいえる城だ。かつて何度もイングランド軍に攻められた、軍事活動の中心地だった。

ハリー・ポッターシリーズに登場するホグワーツ魔法学校のモデルとなったことで知られるだけあり、エディンバラ城には、超常現象の噂が山ほどある。同シリーズに登場する「ほとんど首なしニック」はいないが、そのかわり、完全に首のないドラマーが出ると言われている。

彼は城の胸壁に現れ、ドラムを叩くという。当時、兵士を戦場へ送る合図としてドラムが叩かれたからか、この首のないドラマーは、城に危険が迫ったとき、警告するために現れるのではないかとされている。1650年、エディンバラ城がオリバー・クロムウェル[※]に攻撃される直前に現れ、警告のドラムを叩いたとされるのが、記録上、最後の目撃談だ。1650年というと、チャールズ1世が斬首された翌年でもある。たまたまかもしれないが、同じように首がないドラマーが現れるというのは意味深に思える。

当時のエディンバラ城の総督は、首なしドラマーの謎を解明しようと自ら調査に乗り出したが、彼自身が幽霊を目撃することはなかった。ただ、スコットランドの軍歌を演奏する太鼓の音と、それに合わせて行進する大勢の足音を聞いた。行進する足音は総督に近づいてきて、そのまま通り過ぎていったという。

今でも、城を訪れた人たちがドラムの音を耳にすることがあるそうだ。しかし、首なしドラマーの姿は、何世紀も目撃されていない。

ハリー・ポッターシリーズに登場する霊といえば、「グレイ・レディ」と呼ばれる霊も、エディンバラ城では目撃されている。16世紀風の衣装を身に着けた女性の霊で、城内をさまよったり、泣いたりしているというが、これは、同じスコットランドの観光地であるグラームス城にも現れるレディ・グラーム

※
1599－1658。英国の軍人・政治家。清教徒革命において王党軍を撃破した

ス＝ジャネット・ダグラスの霊だと言われている（グラームス城でも、彼女の幽霊はグレイ・レディと呼ばれている）。彼女についてはCase8でも触れたが、このジャネットが無実の罪で投獄され、処刑された場所が、エディンバラ城だった。ジャネットは1528年に夫のグラームス卿を亡くし、その後再婚したが、彼女の兄弟であるダグラス伯との間に確執のあったジェイムズ5世により魔女として告発され、エディンバラ城の地下牢に夫とともに投獄された。告発は根も葉もないもので、証拠は何もなかった。ジャネット自身も魔女であることを否定したが、ジェイムズ5世は彼女の家族や召使を拷問にかけて「証言」を引き出し、1537年7月17日、ジャネットは、国王を毒殺しようとする陰謀に加担したとして有罪判決を受けた。彼女はエディンバラ城の外で、息子の目の前で杭に縛られ、生きたまま火あぶりにされた。王の死後、彼女の無実が確認され、判決は取り消されている。生前の居城であったグラームス城に現れる彼女の霊は、礼拝堂で祈りを捧げているというが、エディンバラ城に現れるほうの霊は、泣きながら城をさまよっているというのがまた切ない。グラームス城に現れる、穏やかに祈りを捧げる姿のほうが、本来の彼女なのだろう。

エディンバラ城内では、どこからともなく槌（つち）の音が聞こえるという怪現象の報告もあるが、これは、ジャネットが火あぶりにされた台を築造する作業員の霊の作業の音だとされている。ジャネットの召使をはじめ、戦争の捕虜やスパイなど多くの囚人が拷問され殺されたという地下牢では、幽霊やオーブ（光の球体）の目撃談も数多くある。

エディンバラ城のグレイ・レディは、ジャネット・ダグラスではなく、1560年6月に亡くなった、スコットランド女王メアリーの母親であり摂政でもあったマリー・ド・ギーズ（マリー・ド・ロレーヌ）であるとする説もある。スコットランドとカトリックのため尽力した彼女は、44歳のとき、志半ばでエディンバラ城で病死しており――彼女の死の2カ月後には、ローマ教皇の管轄権を撤廃し、カトリック教会の財産を没収、ミサも禁止するといった内容の宗教改革が行われた――幽霊となってこの城に現れてもおかしくない。

いずれにしろ、エディンバラ城に現れる幽霊のうち、名前を含め、「この人だろう」と由来がわかっているのはグレイ・レディくらいだ。彼女のほかにも大勢の歴史上の指導者たちが投獄され死亡しており、地下牢には彼らの幽霊もいるとされているが、個別にどれが誰、ということまでは特定できていない。エディンバラ城は、具体的に名前のわかる有名な誰かの霊、というより、名もなき霊が数多く存在することで知られる。それだけ、戦争で、名前も残らないような兵士や捕虜が、数えきれないほど犠牲になった場所であるということだ。

たとえば、エディンバラ城の地下牢に投獄された囚人の一人で、手押し車に隠れて脱獄しようとしたが、その途中で城の胸壁から落とされて死んだ男が、幽霊となり、訪問者を城の胸壁から突き落とそうとするという話がある。七年戦争（1756－63）で地下牢にとらわれていたフランスの捕虜たちや、アメリカの独立戦争の捕虜たちの霊が出るとも言われ、うめき声が聞こえるとか、急に寒くなったり、見えない手に服をつかまれたり顔を触られたりしたといった被害のほか、突然物が動くポルターガイスト現象も報告されている。少し変わったところでは、エディンバラ城にはペット用の墓地があり、連隊のマスコット犬などが埋葬されているためか、墓地をさまよう黒い犬の幽霊の目撃談もある。

槌の音や捕虜のうめき声のほかにも、姿の視えない何者かによる、音だけが聞こえるという現象は特に多いようだ。夜になると、戦士たちを戦場へ呼ぶドラムの音が鳴るとか、姿の視えない何者かが吹く笛の音が聞こえるとか、鍵のかかった無人のはずの建物の中からノックの音が聞こえるという話が、城の番人たちから報告されている。

音だけの幽霊といえば、最もよく知られているのが、地下通路から聞こえるバグパイプの音の言い伝えだ。17世紀、エディンバラ城から市の中心部へと続く秘密のトンネルが発見された。位置としては、エディンバラ城とホリールードハウス宮殿を結ぶロイヤルマイルのちょうど下を通っているようだったが、狭い通路だったため、大人数で中を調べることはせず、若いバグパイプ吹きの男が一人で下りてパイプを吹きながら通路を進み、地上の人々がその音をたどって進路を確認する、という形で調査が行われることになった。しかし、調査の途中、ロイヤルマイルを半ばまで進んだあたりで、トンネル状の地下通路から聞こえていたバグパイプの音が止まった。何かあったのか、と救助隊が地下へ下りたが、バグパイプ吹きの男はどこにもいなかった。どこかへ消えたバグパイプ吹きの幽霊は今でも地下通路をさまよっていて、交通量の少ない静かな日には、地下からバグパイプの音が聞こえてくることがあるという。

これだけの怪現象が報告されているエディンバラ城である。科学的にその正体を解明しようと考える科学者がいるのも当然で、2001年、エディンバラ国際科学祭の一環として、心理学者リチャード・ワイズマン博士により10日間にわたる大掛かりな調査が行われた。元プロマジシャンのワイズマン博士は、超常現象を疑問視し、その正体に科学的にアプローチする研究において世界的に知られた科学者である。博士は世界中から集まった観光客の中から、エディンバラ城の幽霊に関する予備知識のない者を慎重に選び出し、200名ものボランティア調査員として城に派遣した。調査員たちはビデオカメラに加え、赤外線を画像化する装置や、気温の変化・空気の動きを検知するセンサー、さらには磁場の変化を測定するセンサーといった装備を携えて、地下牢を中心に城内の探索を行ったという。調査は10日間に渡った。過去に幽霊が出たとされている部屋と、何のいわくもないダミーの部屋をとりまぜて調査が行われたが、調査員たちの半数から、人影を目撃したり、肌が焼かれるような感覚や誰かからの視線、寒気を感じたり、視えない何かに触られたり、服を引っ張られたりといった超常現象を経験したと報告があった。原因は不明だった。ワイズマン博士は幽霊の存在に否定的であり、調査員らの体験の多くは、慣れない環境へ放り込まれたことに対する不安や恐怖といった心理的反応に起因するものであろうと主張した。しかしその博士も、「調査員たちには予備知識がなかったのに、彼らのほとんどが、ダミーの部屋ではなく、幽霊が出ると言われている部屋で超常現象を体験した」という事実を認め、「興味深いことである」と述べている。

その2年後の2003年、城の修復工事をしていた建設作業員は、ナポレオン戦争の時代の捕虜の幽霊に悩まされた。作業時に撮られた何枚もの写真に、作業員らの頭上に浮かぶ青いオーブが写り込み、彼らは、城内で一人で作業することを拒否することもあったという。

21世紀になってからも、エディンバラ城では幽霊の目撃談が絶えない。

DATA

エディンバラ城のデータ

Edinburgh Castle

エディンバラは北海に面したスコットランドの歴史的な中心都市だ。その核となるのがカースルヒル※にそびえるエディンバラ城で、その東側に伸びるハイストリートを中心に市街地が形成されている。ハイストリートの東側の果てには、こちらも王宮として営まれていたホリールードハウス宮殿が建っている。

スコットランド王デイヴィッド1世（1084頃−1153）の治世下で王宮となった。城中で現存最古の建築物はこのころのもので、カースルヒルの高地に建立されたセント・マーガレット礼拝堂だ。デイヴィッド1世の母で、1250年に列聖された女王マーガレット（1045頃−93）の名を冠しているのは、女王が建立したと伝わっていたからだ。1174年、獅子王ウィリアム1世（1143頃−1214）が英国王ヘンリー2世（1133−89）に敗れ、講和にあたって城を奪われた。1186年まではイングランドのものだったが、結婚祝いとしてウィリアム

1世に返還され、1214年まで王の統治拠点となった。

1296年、英国王エドワード1世（1239－1307）がスコットランド侵攻を開始し、投射兵器による射撃を3日間続けてエディンバラを攻略した。300名のイングランド軍が駐留することになったが、1314年、スコットランド王ロバート1世（ロバート・ブルース）（1274－1329）の甥の初代マリ伯トマス・ランドルフ率いる精兵30名が奇襲攻撃で城を奪還した。伯がセント・マーガレット礼拝堂を除く城のほとんどの建築物を破却したのは、再度イングランドの手に渡ることを恐れていたからだといわれる。

1333年、英国王エドワード3世（1312－77）が再びスコットランドを侵略、エディンバラを攻略してさらに築城強化するが、1341年にまたもスコットランドが奪還した。そして、1356年から1370年代にかけて、ブルースの子デイヴィッド2世（1324－71）が城の再建事業を進め、そこを自らの拠点としたのである。

1603年、スコットランド王ジェイムズ6世がジェイムズ1世として英国王に即位すると、両国は同君連合となる。エディンバラ城も再び注目され、再建事業が実施された。結局、現存する建築物の多くはこの時代以降に建てられたものだ。

※カースルヒルはこのあたりの要地であり、鉄器時代以来、ヒルフォート（丘上砦）が築かれていた。中世城塞としては11世紀に建設されたといわれ、少なくとも1140年には、いくつかの大規模木造建築物が存在していたという

エディンバラ城の間取り〈17世紀当時〉

エディンバラ城とホリールードハウス宮殿を結ぶロイヤルマイル。
バグパイプ吹きの幽霊が今でも地下通路をさまよっている。

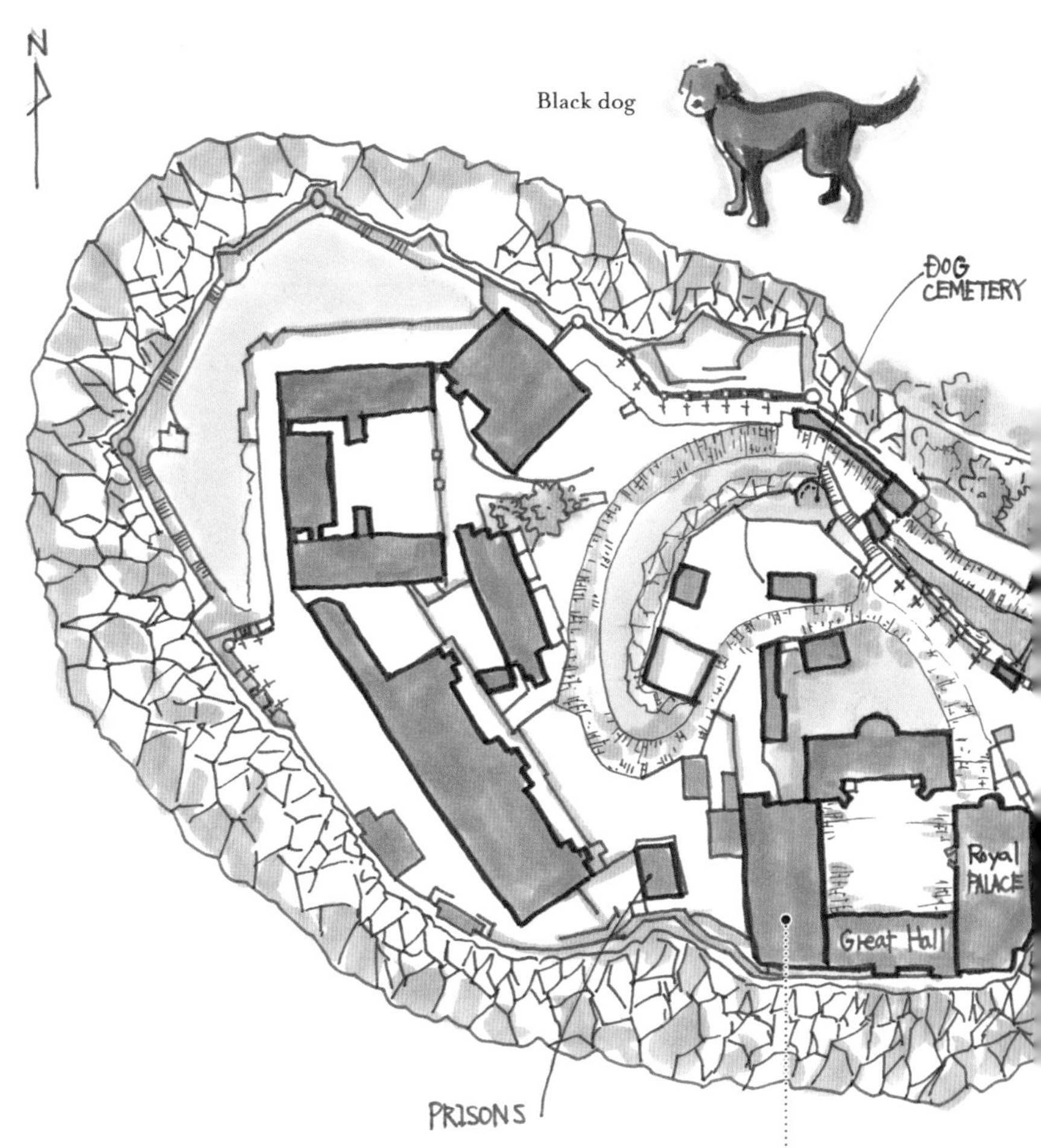

英国革命（清教徒革命）後の王政復古がなった1660年から1923年まで、エディンバラ城には守備隊が駐屯するようになった。19世紀にも保存修復事業が実施され、新たに増築された建築物も登場した。それらの建築物のほとんどは、フランス人移民の子でエディンバラの建築家イポリート・ジャン・ブラン（1844－1917）による。1923年以降は軍刑務所となり、のちにいくつもの軍事博物館が設立されて現在に至っている。

CORFE CASTLE

ドンジョン

BEFORE

1586年頃の
コーフ城予想図

列聖された王と
英国一悪名高い王の伝説

17世紀半ばの英国革命（清教徒革命）時には議会派との激戦の地となり、チャールズ1世（1600−49）を支持するバンクス家が城主としてこの地を守った。なかでもチャールズ1世の法務長官だったジョン・バンクスの妻メアリー（1598−1661）の2度にわたる攻囲戦での奮戦がよく知られる。だが、味方の裏切りによって最後は落城した。その後、ウェアラムにおいて議会側がコーフ城の破却を決定し、ロルワースのヒューズによって実施された。その際、工作兵が穴をあけて火薬を詰め、爆破したため、現在のような廃墟となった。

かつての王宮の廃墟は「グロリエット」（小高いところに設けられた四阿（あずまや）のような建築物）と呼ばれる。落城後、しばらく接収されていたが、ほどなくしてバンクス家に返還され、現在に至る。

NOW 現在のコーフ城の姿

イングランド南西部のドーセット州パーベック半島にあるコーフ城は、アングロサクソン時代から王侯貴族が利用していた城で、ノルマン・コンクエストにより破壊されたが、その後、11世紀に、ノルマン朝を開いて現在のイギリス王室の開祖となったウィリアム征服王（1027頃－87）により再建された（英国革命を経て、現在は廃墟となっている）。

攻め込まれにくい立地にあり、戦略的にも重視された城で、何世紀にもわたって権力争いの舞台となった。そういう場所には血なまぐさい歴史があるものだ。中でも978年[※1]にこの場所で殺害されたというエドワード殉教王の伝説と、この城を王宮としたジョン王[※2]によるさまざまな残虐行為が有名で、それらにまつわる幽霊の目撃談も数多くある。

おそらく、もっとも古い幽霊譚はエドワード殉教王にまつわる伝説だろう。

エドワードは、978年、実子を王位に就かせようとした継母エルフリーダ王妃の命令によりこの城で殺されたとされる。[※3] 近くの森で鹿狩りをするためコーフ城を訪れた彼は、城門の前でエルフリーダ王妃の召使いからゴブレットに入った酒を渡され、それを飲んでいる隙に背後から刺されたという。

エドワードは馬で逃げ出したが、力尽きて落馬し、城のそばを流れる川に落ちた。彼の遺体は、王妃の手の者に見つかって隠され、その後井戸に捨てられ

※1
長年979年とされてきたが今は978年説が有力

※2
1167－1216（在位1196－1216）。プランタジネット朝の英国王。父ヘンリー2世から領地を与えられなかったことから「欠地王」と呼ばれた

※3
生年がはっきりしないが、十歳代で王となり、十歳代で死んだとされている

たという説と湿地に埋められたという説がある。いずれにしても、彼の家来たちが行方不明になった王を捜しているとき、不思議な光が井戸から溢れ出し、もしくは、湿地に光の柱が立ち、捜索隊をエドワードのもとへ導いたため、遺体が発見されたとされている。この噂はすぐに広まり、エドワードの落ちた小川には、霊的な癒やしの効果があると言われるようになった。遺体は井戸に投げ込まれたのだ、とする説によると、この井戸の水を飲むと病気が治ると噂された。湿地に埋められていた説に基づくと、湿地に泉が湧き出した、ということになっている。もちろんこちらにも癒やしの効果があり、どちらも「エドワードの泉」と呼ばれている。

980年2月13日、エドワードの遺体は、発見されたウェアラムの教会に運ばれて埋葬されたが、遺体による奇跡は続いたため、1年後、コーフ城から30マイルほど離れたシャフツベリー修道院に改めて埋葬されることとなった。掘り起こされた遺体は、少しも腐敗していなかったという。この後も、棺に近づいた足の悪い男が突然歩けるようになった、墓が浮き上がった、などの奇跡は続き、後にエドワードは殉教者として列聖され、修道院は巡礼地となった。エドワードの跡を継いで王位についた弟のエセルレッド王※4（エドワード殺害時は10歳であった彼は、兄の殺害には関与しておらず、兄弟仲もよかったとされている）はこの

※4 968頃—1016（在位978—1016）。英国ウェセックス王家の王

奇跡を受けて、遺体を聖遺物とともに神聖なものとして棺に入れ、より適した場所に置いたと言われている。

その後、背中に死体をのせた馬を連れた二人組がシャフツベリー修道院へと向かう様子が、何世紀にもわたり、多くの人々に目撃されている。また、エドワード殉教王の霊かどうかは定かではないが、暗殺以降、城下の丘では馬の蹄の音が聞かれるようになったそうだ。馬が近づいてくる音はするが、その姿は視えないという。これらの話を読んだとき、列聖されても幽霊にはなるのだな、と不思議な印象を受けた。また、彼の死後、弟が王位についてすぐに、コーフ城にエドワード王の幽霊が現れ、「自分は継母のエルフリーダ王妃に殺された」と訴えた、という噂が人々の間で広まり、それによってエルフリーダ王妃と息子のエセルレッド王は国民の支持を得られなかった、という話もある。10世紀のこと、まして継母による国王殺しなど記録に残っているはずもないので、確かめようもないが、幽霊による告発が噂を呼び、その後のエセルレッド王の治世に影響を与えたのだとしたらすごいことである（エルフリーダ王妃の悪女伝説は作り話で、今では信ぴょう性は高くないとも言われている）。

王妃が住んでいたこの宮殿は、その後、ノルマン人による征服後、1090年に再建され、王家の五つの城の一つになった。13世紀にこの城を増築し、王宮としたジョン王は、歴史上もっとも悪名高い英国王である。あまりに悪名高いため、彼以降、英国王で「ジョン」の名を襲名した王はいないほどだ。

ジョン王は、王位を争っていた甥（前王の息子）のアーサーとの戦いの中で、捕虜となった貴族を残酷に扱い、地下牢に閉じ込めて餓死させた。当時の西ヨーロッパでは、貴族が殺しあうことは政治的に許されないこととされていたため、彼の行為は、当時は考えられないものだった。中世においては、投獄して餓死させる、という処刑方法は極めて珍しい。国王による行為としては、ジョン王のほかにはリチャード1世くらいしか例がないが、ジョン王はこのときのほかにも、たびたび捕虜を餓死させている。

ジョン王が、城の地下牢に22人のフランス人の騎士（ジョンと王位を争い対立していた、前王の息子アーサーは、フランスの王宮で育ち、フランス国王フィリップ2世は彼の後見人だった）を投獄して水も食べ物も与えず、餓死させた話は有名である。今でも、地下牢の壁から彼らの声が聞こえるという話もある。しかし、内戦の際はイギリス人の造反者も投獄されており、この城に幽閉された人間は数多いので、報告されている声が誰のものかはわからない。

コーフ城の近くや、敷地内のコテージの中から子どもの泣き声が聞こえるという怪現象の報告がある。この声の主は、やはり地下牢で死んだ被害者の一人――かつてはジョン王のお気に入りでありながら、あるとき王の不興を買い、逃亡した第4代ブランバー卿ウィリアム・ドゥ・ブローズの子であると、一部の文献には書かれている。

ブランバー卿の妻と長男は捕らえられ、ウィンザー城に投獄された後、コーフ城の地下牢へ移され、そこで餓死した。地下牢で死にゆく彼らの悲鳴が、石の壁を通して城の中まで響いていたと伝えられている。ブランバー卿自身はフランスに逃亡したが、王の不興を買った理由ははっきりしない。法が王権に優越するという大憲章（マグナ・カルタ）に署名したことへの意趣返しとも言われたが、大憲章にブランバー卿の署名はない。表向きは、捕虜となったことを嘆いて自殺したことになっていたアーサーは、実際には残虐な方法でジョン王に殺されており、ブランバー卿はそれを知る数少ない人間の一人だったため、あるいは、その事実をブランバー卿の妻が人前で話したため、口封じのためであったという説もあるが、定かではない。

しかし、泣き声の主がブランバー卿の長男ウィリアムの声だという説には疑問がある。彼の死亡時の年齢は定かではないが、ブランバー卿の妻モード（マティルダ）は投獄時54～55歳であったとされており、ウィリアムは当時結婚していて子どももいた（彼らも投獄されたが後に釈放された）。このことから、投獄された当時、ウィリアムは少なくとも幼い子どもではなかったはずだ。子どもの泣き声は別の犠牲者のものだろう。もっとも、ジョン王によりとらえられたブランバー卿の家族は妻と長男だけではないため、その中にいたかもしれない幼い子どもの悲鳴や泣き声が、恐怖の記憶としてその場に残っている、ということは考えられる。

ブランバー卿の妻子の霊は、彼らが生前住んでいたブラマー城にも現れるという。また、彼らはコーフ城だけでなくウィンザー城の地下牢にも投獄されていたことがあるようだが、そちらに彼らの霊が出るという話は聞かない。

ジョン王の時代から400年あまり後、英国革命（清教徒革命）の際には、コーフ城は、当時の所有者であった王党派（反政府勢力）のバンクス家の拠点となった。城は、1643年と1645年に、議会派に包囲され、激しい攻撃を受けている。二度の包囲戦のうち、1643年には防衛に成功したものの、1645年、二度目の包囲戦において、内部の裏切りにより城は陥落し、爆破された。現在ナショナル・トラストによって一般公開されているのは、このとき破壊された城の残骸である。

この戦いでコーフ城が破壊されてから数年ほどして、城内や近くで、首のない白い服の女が目撃されるようになった。一番多い目撃談は、ゲートの近くに現れ、虚空に消えるというものだが、ときには胸壁を歩いていることもあるという。彼女を目撃した人は、急激な寒さを感じ、彼女が消えるまでそれは続くそうだ。

　ホワイトレディと呼ばれるこの霊の正体については不明である。包囲戦の際、王の命令でヨークへ派遣されていた夫（その後死亡）に代わって城の防衛を指揮したバンクス夫人＝メアリー・バンクスだという説もあるが、彼女はここで死んだわけではないし（1646年2月に城が破壊された後、1661年まで生きた）、首を斬られてもいない。バンクス家の敗北と城の崩壊を招いた裏切り者の霊だという説もあるが、寝返って議会派を手引きしたのが女性であるという記録はない。何しろ首がないので、誰の幽霊ともわからないのだ。

　うんと時代を遡り、13世紀にジョン王によって幽閉されていたエレノア・オブ・ブリタニー[※5]だという説もある。「フェア・メイド・オブ・ブリタニー」「ブルターニュの妖精」と呼ばれるほど美しかったとされるブルターニュの公女エレノアは、弟アーサーがジョン王との王座争いに敗北し殺された後、彼女にも王位継承権があったため、1203年にこの城にとらわれ、1241年に亡くなるまで約40年にわたってコーフ城に幽閉された。アーサー自身は殺害され、アーサーを支持して戦ったフランス兵たちはコーフ城の地下牢で餓死させられ

※5
1182／84―1241。
ブルターニュ公女

たのに対し、彼女は特別に誂えられた豪華な部屋や衣装を与えられ、丁重に扱われたが、結婚や子どもを持つことは許されず、死ぬまで城にとらわれたままだった。彼女は、英国の歴史上もっとも長くとらわれた王族である。いかにも幽霊になって現れそうではあるが、ホワイトレディが彼女だとしたら、首がない理由はわからない。先述の、獄中で餓死したブランバー卿の妻だとする説もあるが、その場合も同じ疑問が残る。

たとえば、ホワイトレディと呼ばれている霊はうなだれた姿勢で現れたため、角度のせいで首がないように見えた、という可能性はないだろうか。いずれにしろ、コーフ城の住人や囚人で、首を刎ねられた女性の記録は見つからなかった。

ほかにも、コーフ城では、夜、敷地内を動き回る小さな光が長年にわたって何度も目撃され、それは城を守って戦い死んだ、王党派の兵士たちの霊ではないかと言われている。また、廃墟となり観光地と化した今でも、城の入口近くにあるナショナル・トラストのティールームに幽霊が出るとか、城を爆破した議会派の兵士の霊がショップのストックルーム（商品倉庫）に現れるとか、幽霊譚には事欠かないようである。

DATA

コーフ城のデータ

Corfe Castle

コーフ城が築かれたのは、ノルマン朝初代のウィリアム1世征服王（ノルマンディー公ギヨーム2世）（1027－87）治世期である。その築城形式はモット・アンド・ベイリーとよばれる。「モット」とは小丘を意味する古いフランス語で、「ベイリー」とは囲壁や柵で囲われた曲輪のことだ。モットが築城の中心であり、ドンジョンが上に築かれる。ドンジョンとは最後の砦となる主塔のことで、古いフランス語だが、のちに英語でキープとよばれるようになる。モットの周りにはベイリーが施されて防禦を固める。コ

ーフ城では、当初、モットは石造囲壁を備えていたが、王宮のあった外側のベイリーは木製の柵で囲われていただけだったようだ。

ノルマン人の築城において、当初、ドンジョンは木造だったが、やがて石造の強固な構造体へと更新されていった。ノルマン人がフランス北部から導入した石造城塞は被征服民を大いに威圧した。コーフ城のドンジョンもそのような事例の一つであり、征服王の息子で、ノルマン朝第3代のヘンリー1世（ノルマンディー公アンリ1世）（1068－1135）が、高さ55メートルの丘上に高さ21メートルの石造ドンジョンを建築し、あたりを睥睨（へいげい）する本格的城塞となった。この時、外側のベイリーの一部が石造囲壁で囲われるようになり、ベイリーが三分割された。このうち、南東のベイリーの南東端には石造の城門が建築されている。13世紀初頭には西のベイリーも石造囲壁と塔を備えるようになり、モットのドンジョンの東側には王宮が新たに建築された。13世紀後半には南東の外ベイリーも石造囲壁と塔で囲われるようになり、さらに防禦が強化された。

コーフ城の間取り〈1586年頃〉

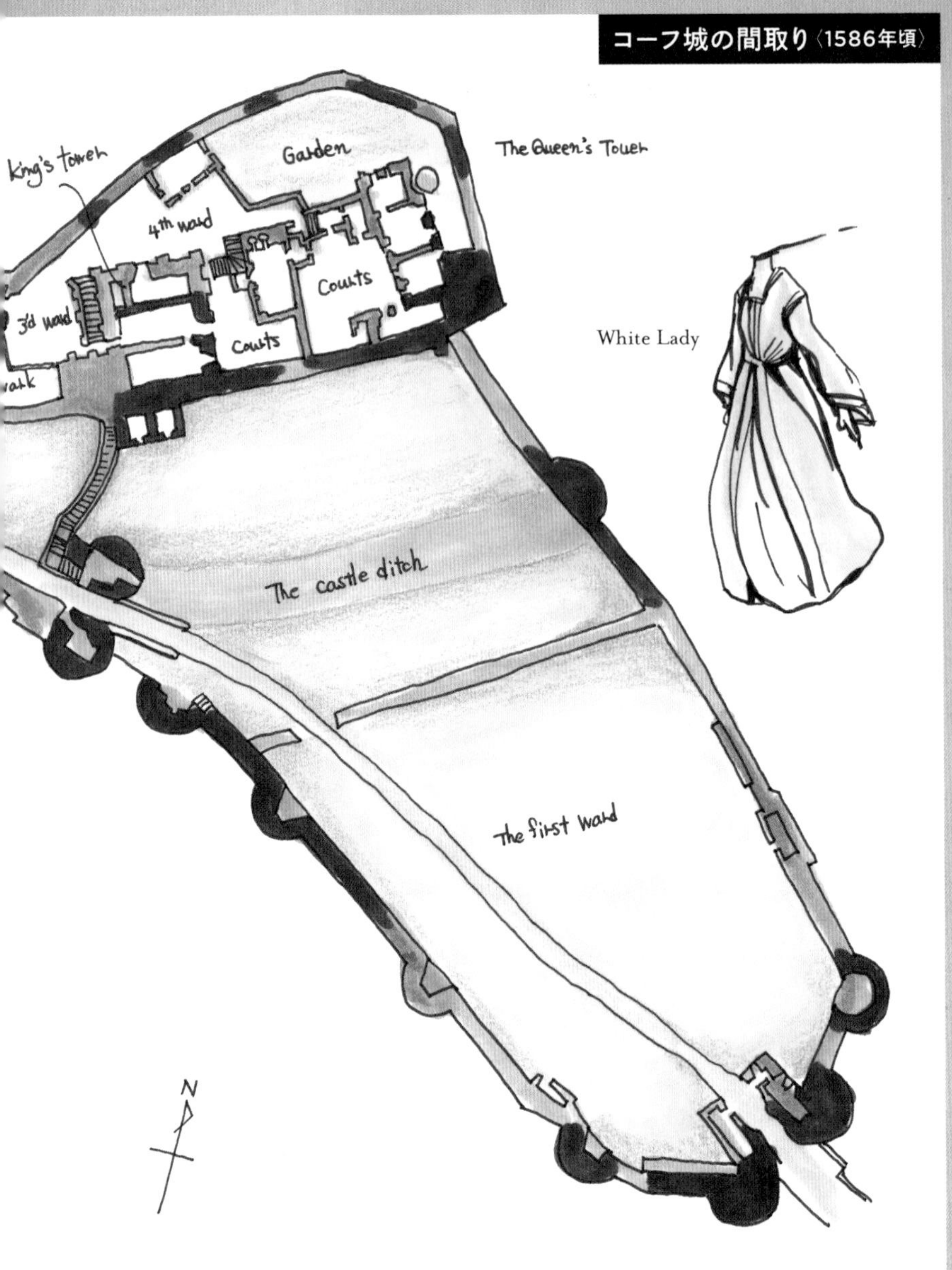

城の入口近くにあるナショナル・トラストのティールーム

人気観光スポットの血塗れの歴史

CHILLINGHAM CASTLE

チリンガム城の平面形状は中庭を囲うロの字形で、エントランスは北翼棟中央に設けられている。このエントランスは初期イングランド・ルネサンス建築の特徴を備えている。つまり、古代ギリシア・ローマの神殿建築の外観を構成する円柱と横架材に由来する古典主義オーダーのコラムとエンタブラチュアを3層積み重ねたデザインだが、各層のオーダーのプロポーションは正確とはいえない。

現在のチリンガム城の姿

現在も城館最上部にはバトルメント（鋸歯状胸壁）が巡らされており、四隅に重厚な城塔が配されていて、全体に中世城塞の重厚さがうかがえる。だが、中世城塞のような閉鎖的な性質はもはやない。近世以降、軍事的機能を失ったことにより、室内に多くの光を採り込むことができる大きな窓が設けられていったからである。

チリンガム城は、ノーサンバーランド州の北部、スコットランドとの境界近くのチリンガム村にある城である。もとは12世紀後半に修道院として建てられたが、この地域は位置的にイングランド・スコットランド両国の紛争に巻き込まれがちであったため、領主のグレイ家[※1]によって、13世紀ごろ、城塞化された。現存する城は、14世紀に築造されたもので、その後も長くグレイ家の居城だったが、第二次世界大戦中に徴発され、兵舎として利用された。城はその後廃墟となったが、1982年に、妻がグレイ家出身のハンフリー・ウェイクフィールド卿に購入され、修復された。建物の一部はさまざまな時代の様式で復元され、現在、一般に公開されている。城の公式サイトが観光客向けにガイド付きのツアー客を募っていて、宿泊も可能だ。目玉はもちろん、城内に現れるという幽霊たちである。

おそらく、そのなかでも最も有名なのはブルー・ボーイ、あるいはラディアント・ボーイ（光輝く少年）と呼ばれる幽霊だろう。彼は幼い少年の霊で、青い服を着た姿で発光しながら現れることからこう呼ばれるようになった。彼が現れるのは、決まって城内の「ピンクの部屋」または「ピンクの寝室」と呼ばれる部屋だ。真夜中、0時になると、厚い壁の向こうから泣き叫ぶ声が聞こえ、

※1　1714年、グレイ家の跡取り娘がチャールズ・ベネット男爵と結婚して以降はベネット家

声が消えると、光の輪とともに青い服の少年の霊が室内に現れて、目撃者たちの寝ているベッドへと近づいてくるのだという。少年の服装は、１６６０年代のものだった、という具体的な証言もある。１９２０年代、幽霊が現れるとき叫び声が聞こえてくるとされた、まさにその壁——正確には、城壁に隣接する塔へと続く通路を切り開いた際、その向こう側——から、何らかの書類らしきものや、朽ちた青い布の切れ端とともに、子どもの骨が発見された。彼はどうやら生きたまま壁の中に閉じ込められたらしく、出してもらおうと壁を引っかき続けたせいか、その指の骨は擦り減っていた。子どもが誰で、どういういきさつで閉じ込められたのかはわかっていない。

発見された骨は地元の墓地に丁重に埋葬され、それ以降、ブルー・ボーイは現れなくなった——とされていた。しかし、城が修復され、観光客に開放されてからはまた、「ピンクの部屋」で怪現象が報告されるようになった。部屋の壁の一面に、青い光が走るのだという（青い光の球、オーブが飛んでいた、という話もある）。この部屋に泊まった宿泊客たちは、当初電気系統の故障だと考えて苦情を言ったそうだが、壁の光ったとされる部分には電気は通っていなかった。

ブルー・ボーイと並んで有名だが正体がはっきりしないもう1人の幽霊が、食糧庫に現れるホワイト・レディである。城の奥にある食糧庫には、かつて、一族に伝わる銀食器が保管されていて、その管理のため、1人の下男が食糧庫で寝泊まりしていた。ある夜、彼が眠りかけたとき、白い服を着た青白い顔の女性が近づいてきて、水を欲しがった。下男は、彼女を城の客人だと思い、水を用意しようとしたが、彼女に背を向けた後、食糧庫には鍵がかかっていて、外から人が入れるわけがないということに気がついた。彼が振り返ると、白い服の女性は消えていた。この女性の霊は、今でも現れるという。一説によると、英国においては、殺されたか、自殺した女性、あるいは、秘密の宝物のありかを知りながら誰にも言わないまま死んだ女性が、ホワイト・レディになる――白い姿で現れ、誰かが宝物を見つけるまでさまよい続けるという。水を欲したというエピソードからも、彼女は毒殺されたのではないか、と言われているが、その正体はわかっていない。

城内に現れる、正体がわかっている幽霊としては、グレイ・レディと呼ばれる霊がいる。どの幽霊城にも1人はグレイ・レディがいるのではないかというほどポピュラーな呼び名だが、チリンガム城のグレイ・レディは、かつてこの城に住んでいたレディ・メアリー・バークレーの幽霊である。彼女は城主フォード・グレイの妻となり、長女を出産した。しかし、それからわずか3年で、フォードはメアリーの実の妹であるヘンリエッタ（当時17歳になったばかりだった）と不倫関係になる。それを知ったメアリーの父、バークレー卿は怒り狂い、裁判沙汰になったが、フォードはヘンリエッタとともに逃亡し、メアリーは幼い娘と二人で残された。彼女は夫が去った後も城にとどまり、1719年に31歳で亡くなった。夫を探して城内を歩き回る彼女のシルクのドレスが廊下でさらさらと音をたてるのを聞いた、という報告が数多くあり、その音を耳にした人は、正体不明の寒気を感じたという。

これらの3名の有名な幽霊については、チリンガム城主であった第7代タンカーヴィル伯爵の妻のレオノラという女性が、城内で見聞きしたり自身が経験したりしたさまざまな幽霊のエピソードを1925年に発表した手記に記録している（もっとも、彼女は、ホワイト・レディ、グレイ・レディといった呼び名は使用していない。ブルー・ボーイのことは「ラディアント・ボーイとして知られる幽霊」と呼んでいる）。食糧庫のホワイト・レディに下男が水を求められたというエピソードは、レオノラの義父が生きていたころの話らしい。彼女は手記のなかで、ほかにもさまざまな幽霊について語っているが、実際に城に住んでいただけあってそのエピソードは生き生きとしていて、たとえば夜な夜な肖像画を抜け出て城内を歩き回るレディの霊など、クラシックなゴースト・ストーリーのようでおもしろい。

しかし、その一方で、チリンガム城といえば、1298年、エドワード1世[※2]が「ブレイブハート」として有名なスコットランドのウィリアム・ウォレス[※3]との戦いに向かう際、宿泊したとされ、その後1344年にエドワード3世[※4]によって要塞としての建設を許可されて以来、スコットランド人たちへの最初の防衛線とされた城であり、血なまぐさい歴史もたっぷりある。地下牢や、捕らえた敵兵を地下牢へ落とすための仕掛け扉、そして、有名な拷問室の存在が象徴的だが、その拷問室には、「英国で最も残虐な幽霊」と呼ばれるジョン・セージ[※5]の霊が現れるという。彼は軍人だったが、足にけがをして戦場に出られなくなってからは城の死刑執行人となり、3年間で数千人のスコットランド人を残虐な方法で拷問して殺したといわれている。

さて、このセージは有力な軍人の娘と恋仲で、拷問部屋に彼女を連れ込むこともあった。スコットランド人が虐殺された場所でデートを楽しんでいたとい

※2
1239−1307（在位1272−1307）。プランタジネット朝の英国王

※3
1270頃−1305。スコットランドの騎士。スコットランドの国民的英雄

※4
1312−77（在位1327−77）。プランタジネット朝の英国王

※5
「ドラッグフット」または「スコットランド人の屠殺人（ブッチャー）」という別名でも知られる

うあたり、この恋人もどんな神経をしていたのかと思うが、セージは拷問台の上でのお楽しみの最中に、つい行為が行き過ぎて彼女を革紐で絞め殺してしまう。セージは彼女の父親であった軍人の圧力で、城の中庭で絞首刑に処されることになった。嫌われ者の彼が吊られると、死刑を見に来た観客たちは、まだ生きていた彼の身体に群がり、ナイフで切り刻んだという。そんな死に方をして、やすらかに眠れるはずもない。彼の霊は中庭をさまようこともあり、もちろん、地下の拷問部屋に現れることもある。拷問器具を揺らし、吠えるように叫び――拷問台の紐を引っぱっている、という報告もある。今さら、恋人を救おうとしているのだろうか。彼女も彼自身も、もう手遅れであることに気づかずに。

城のツアーでは彼が愛用したという拷問器具を展示した拷問室も見ることができるが、公開されている部屋は実際に拷問が行われた部屋ではない。現在レストランとなっている部屋の地下に位置していた本物の拷問部屋は、「危険である」として封鎖されている。封鎖の判断がされたのはこの部屋で降霊術が試みられた後のことだといわれているが、具体的に何が起きたのかは定かではない。

エドワード王の部屋と呼ばれる一室にも、拷問部屋に劣らない恐ろしいいわくがある。イングランドとスコットランドの戦争が終わったとき、イングランド側は残っていた捕虜たちを解放するのではなく、中庭で火を起こして焼き殺したとされているが、幼い子どもたちはこのとき焼かれず、大人たちが焼かれる様子を見せられた。その後城へ戻された子どもたちは、エドワード王の部屋で首を切られたのである。成長した子どもたちに報復されるのを恐れてのことだった。この部屋でも、幽霊の声がするなどの怪現象が報告されている。

建物の中だけでなく、城の中庭でも、幽霊は目撃されている。先に述べた、中庭で処刑されたジョン・セージに加え、修道士の霊が現れるという報告が多数ある。最初それを知ったときは、かつてこの城が修道院だったころの修道士だろうかと思ったのだが、中庭には死刑に使われた木が複数あり、その中にはゆっくりと死に至るよう足から吊るされた者たちもいて、彼らを気の毒に思った近くの修道院の修道士たちが吊られた者を木から下ろし、それを兵士に見つかって彼らもまた吊られて殺された、という話を読み、暗澹たる気持ちになった。幽霊になって現れるなら、こちらの修道士たちだろう。

こういった悲惨な背景をもつ霊たちについては、レオノラの手記では触れられていない。しかし彼女も、城の陰惨な歴史についてはもちろん把握していた。彼女は、地下牢の壁に捕虜がつけた傷の跡があったことを記している。そのうえで、歴史ある場所には幽霊はつきものであり、彼らが生前どのような人間だったとしても、死んでしまえば害になるようなものではないと受け容れていたのだろう。幽霊とのつきあい方としては、おそらくこれが正解なのだ。

城を訪れた人たちは、その多くが、人影を見たり、足音や囁き声を聞いたり、腕に触られたりと、不思議な経験をするそうだ。姿の見えない二人の男性の会話する声だけが聞こえ、会話の内容を聞き取ろうとするとふいに聞こえなくなってしまう、というしゃれた怪現象の報告もある。城に出る幽霊たちのすべてが友好的とは限らないが、危険な霊が出る場所は封鎖されているそうだから、安心してゴーストツアーを楽しめるだろう。ただ、城内では、スマートフォン等の電子機器の電池が、完全に充電された状態であっても、なぜかすぐに消耗してしまうそうだから、注意が必要だ。

DATA

チリンガム城のデータ

Chillingham Castle

チリンガム城にはもともと修道院が営まれていたが、対スコットランド戦の軍事拠点となり、1344年に本格的な城塞となった。「本格的な」とは、英国王エドワード3世（1312－77）から鋸歯状胸壁（バトルメント）設置の許可を得たということだ。胸壁（パラペット）とは、城壁の上の通路（ウォークウェイ）に配された兵を敵が射った矢などから守るための防護壁のこと。そこから敵側に弓兵等が射撃するための矢狭間となる切り欠き部分が設けられた胸壁を「バトルメント」という。バトルメントは領主の権威の象徴でもあり、やがて、軍事的な機能をもたない領主館や市庁舎のような軍事建築ではない建築物でも装飾として用いられるようになる。

1344年以来、チリンガム城はグレイ家によって、後にはその血縁のベネット家、ウェイクフィールド家によって受け継がれている。百年戦争中の1419年、グレイ家はフランス・ノルマンディーのタンカルヴィルを攻略し、タンカーヴィル（タンカルヴィルの英語読み）伯のタイトルを得た。ノルマンディーのタンカルヴィル領は失われたが、タイトル自体は現代まで継承されている。イングランド北部ノーサンバーランドの要地ということで、多くの英国王の来臨を得ている。古くは1245年にヘンリー3世（1207–72）、のちにはエドワード1世やジェイムズ1世、チャールズ1世、近代以降もエドワード8世が訪れ、現代もこの伝統は続いている。

中世城塞は現在も良好に保存されているが、スコットランド王ジェイムズ6世が英国王ジェイムズ1世として戴冠する折の訪問の機会にギャラリーが増築された。18世紀には、イギリス式庭園、または風景式庭園と呼ばれる、風景画のような景観を模した造園様式の代表的な造園家ランスロット・「ケイパビリティ」・ブラウン（1715/16–83）により庭園などに手が加えられ、18世紀英国を代表する建築家・インテリアデザイナーといわれるロバート・アダム（1728–92）も東翼棟で仕事を残した。19世紀以降も手が加えられている。ウィンザー城の改装を手がけたことで知られるジェフリー・ワイアットヴィル（1766–1840）も王室の訪問のために庭園や園路の整備を手がけた。さらに1832年、2年前に即位したばかりのフランス国王ルイ・フィリップ1世（1773–1850）が訪問し、ヴェルサイユ城館にあった壺装飾を寄贈した。

チリンガム城の間取り〈17世紀頃〉

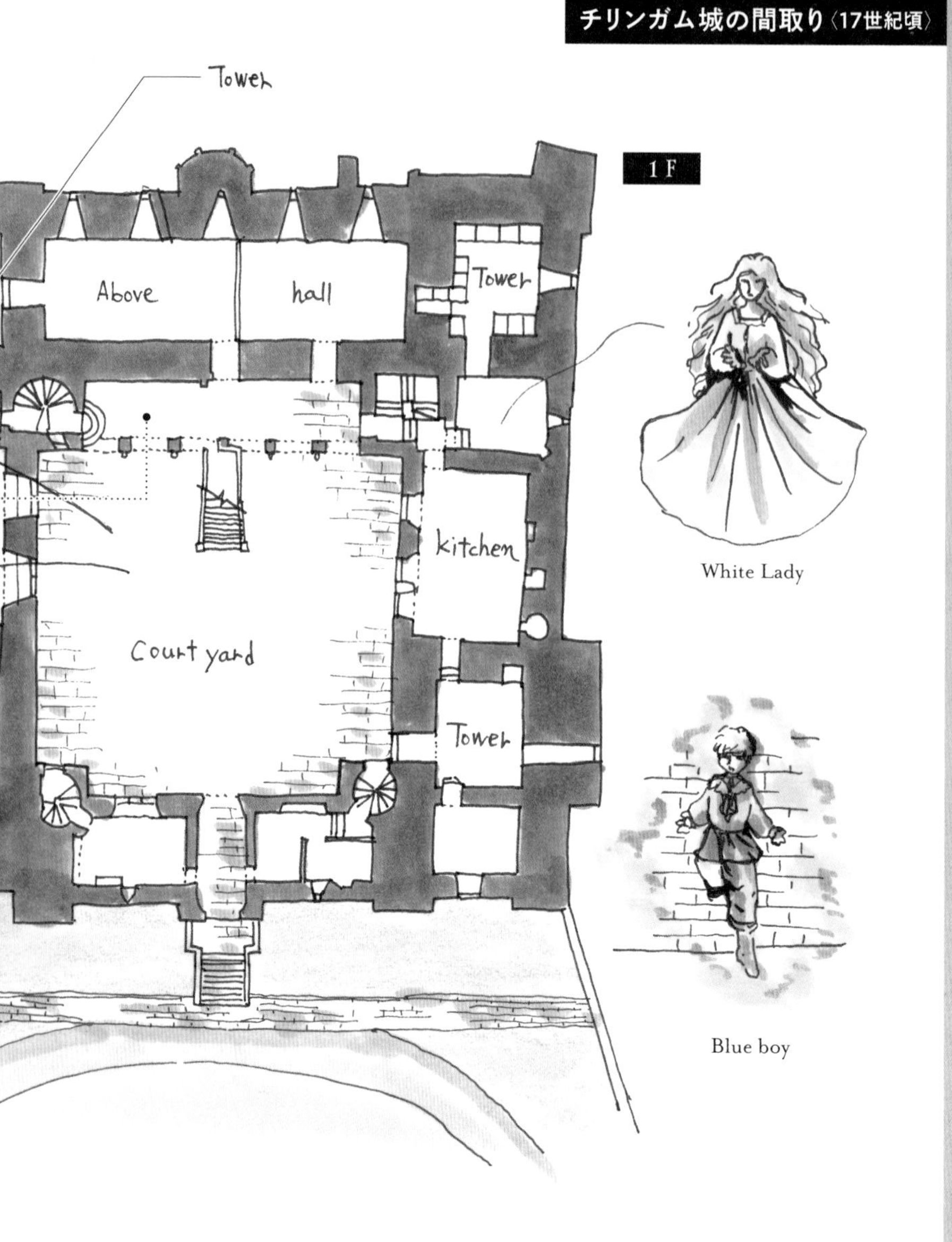

White Lady

Blue boy

中庭の向こうには南翼棟2階に導く外部階段があり、南翼棟1階中庭側にはロッジアが設けられている。ロッジアとは、アーケード(アーチの連なり)や列柱によって外部空間と区切られた部分のことで、屋根に覆われてはいるものの外部に対して開放的な空間となっている。南翼棟2階にはホールがあり、南側ファサードは中央に配された半八角形平面の突出部によって活気づけられている。

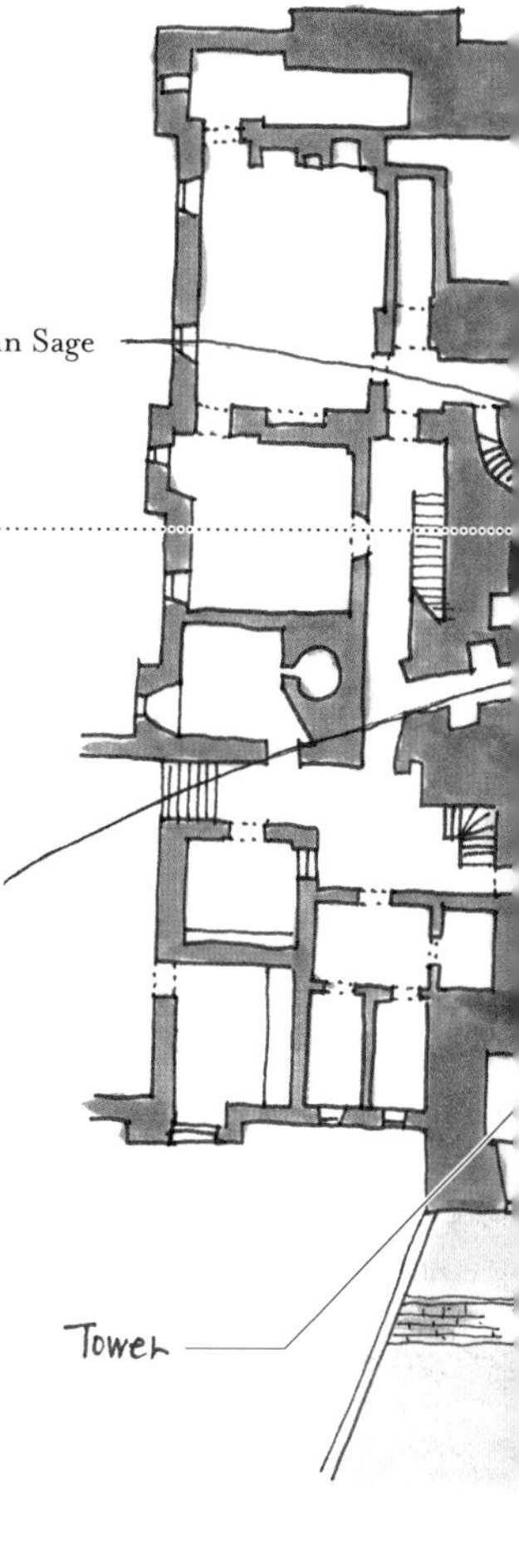

John Sage

A monk

Tower

夜な夜な肖像画を抜け出して
城内を歩き回るレディの霊

BERRY POMEROY CASTLE

昼夜問わずゴーストに会える廃城
ベリー・ポメロイ城

17世紀に入ると、エドワード・シーモア2世（1563頃−1613）によって、さらなる大拡張が企図される。エリザベス1世様式の3階建ての東棟に、ジェイムズ1世様式（ジャコビアン様式ともいう）の3階建ての北棟を増築し、そこに大階段とギャラリーを設けた。さらに西棟の建築も始めている。

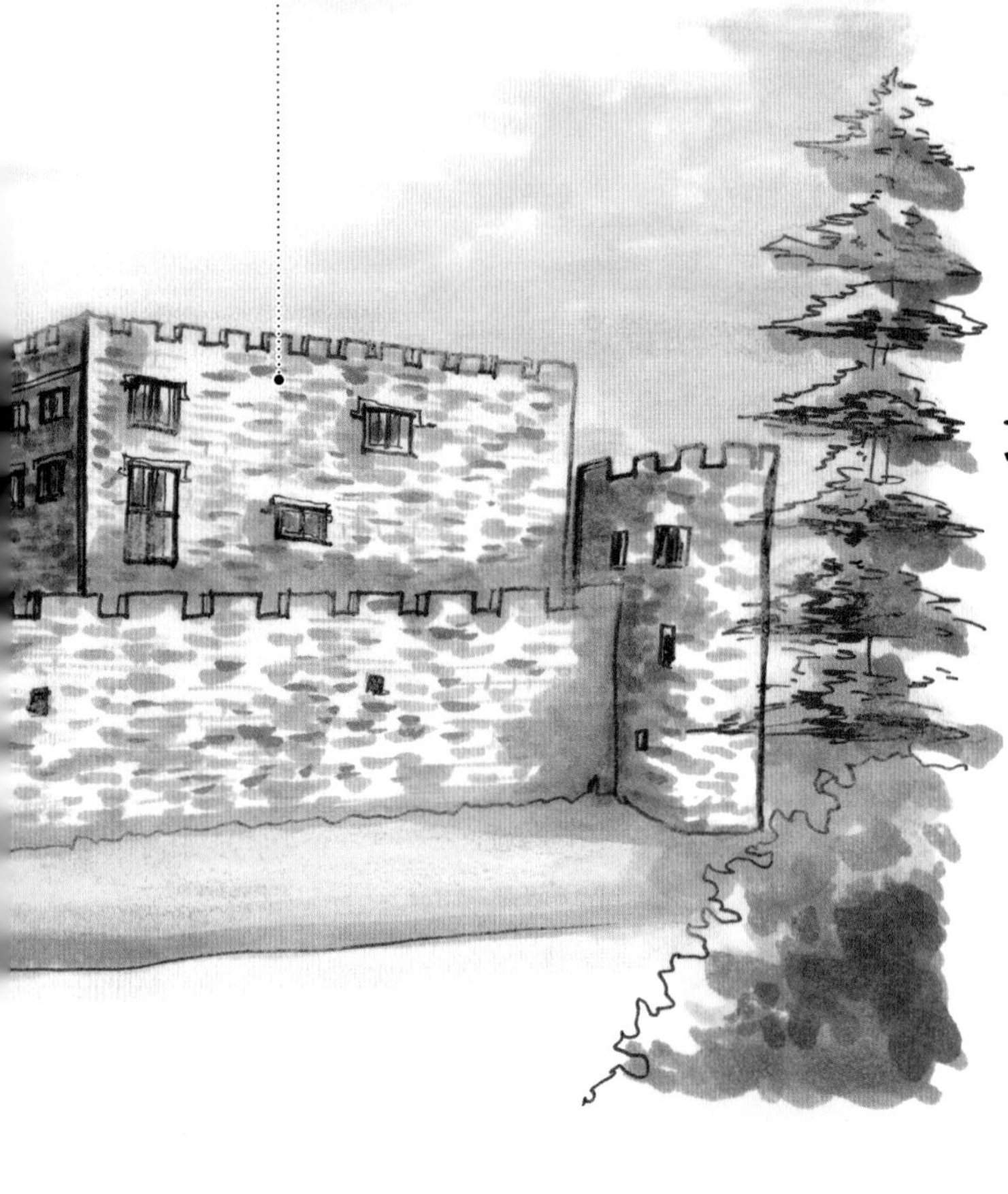

西棟が完成すれば、もともと、軍事拠点として選ばれた敷地の状況に似合わぬ、宮殿のような壮大な館が姿を見せたはずだ。城館のスカイラインは屋根を隠す見せかけのバトルメント（鋸歯状胸壁）が支配し、領主館としての威容を示したことだろう。だが、1611年6月には施主（エドワード・シーモア2世）は資金難により行き詰まる。7月には準男爵位を購入し、初代ベリー・ポメロイ準男爵となるが、1613年4月に亡くなると、未完成のまま残されてしまった。その後、1700年には完全に放棄されて廃墟化していく。

現在のベリー・ポメロイ城の姿

英国で最も幽霊が出る城、といわれている城はいくつかあるが、ベリー・ポメロイ城もその1つである。イングランド、デボン州のペイントン郊外にあるこの城は、12世紀初頭、ノルマン人のイングランド侵略の際に、ウィリアム征服王から褒賞として臣下のラルフ・ド・ポメロイに贈られた土地に建てられた。当時はまだ城と呼べるようなものではなかったようだが、その後400年にわたりポメロイ家の住居だった。その後、15世紀半ばに城塞化され、トマス・ポメロイによってサマセット公エドワード・シーモア（エドワード6世の母ジェーン・シーモアの兄）に売却される。エドワード・シーモアの死後（1552年に処刑された）、その息子がルネサンス式の建物への改築を完成させたが、1700年代に入ってすぐに放棄（落雷で損壊したためといわれているが、現存する廃墟にその痕跡は見られない）されて以降、長い間忘れ去られていた。今もこの城はシーモア家の所有ではあるが、事実上放置されていたものを、1977年からは、イングリッシュ・ヘリテッジ※1が管理と修復作業を行っており、ガイダンスを聞きながら城内を見て回れるオーディオ・ツアーが行われるなど、観光地化している。

ベリー・ポメロイ城には幽霊にまつわる数々の伝説が残っているが、最も古

※1 English Heritage。イングランドの遺跡・建造物を保護管理する特殊法人

いものは、おそらく、「ポメロイの跳躍」と呼ばれる、ポメロイ家の2人の若い兄弟の伝説だろう。ポメロイ家は400年もの間ベリー・ポメロイ城を居城としていたが、エドワード6世が、1549年、ポメロイ家が宗教改革に参加したことを理由に、彼らの城の接収を命じたことがあったという。ポメロイ家の二人の兄弟はこれに従わず、城が包囲されたとき、鎧を着込んで馬で城壁の上まで上がり、馬に目隠しをして城壁から跳躍し、彼らを捕虜にしようと城を包囲していた軍の足元へ落下した。これが「ポメロイの跳躍」の伝説だが、実際にこのようなことがあったことを裏付ける歴史的な資料や証拠は何も残っていない。それでも、城を訪問した何人もの観光客たちが、悲鳴や、馬のいななき、落下音のようなものを聞いた、と報告している。2018年にも、夜に城を訪れた若者のグループが撮影した写真に馬と兄弟の姿が写ったという話がネットニュースになるなど、目撃談は今も続いている。

ポメロイ家の兄弟と気の毒な馬たち以上に有名なのは、ホワイト・レディとブルー・レディという、二人の女性の幽霊だ。二人は混同されることもあるが、別の幽霊である。

ホワイト・レディと呼ばれる幽霊は、城内のセント・マーガレット・タワーで目撃され、その正体は、美しさから実の姉エレノアに嫉妬され、投獄された、レディ・マーガレット・ポメロイだといわれている。城主であるポメロイ卿が出征した後、城の責任者となったエレノアは、恋敵であった美しい妹マーガレットの肖像画を壁から外し、彼女を城の地下牢に幽閉した。マーガレットは、20年近くも地下にとらわれた挙句、餓死したとされている。城を訪れた人々は、地下へと降りる階段で彼女の存在を感じることが多く、彼女が現れると、寒気を感じ、また、悲しく不安で、憂鬱な気分になるという。彼女が訪問者たちの身体をすりぬけて階段を上がっていった、という報告もある。今でも彼女はセント・マーガレット・タワーにいるとされ、訪れた人たちに助けを求めるように手を振る姿もたびたび目撃されている。地下牢は一般公開されていないが、タワーには誰でも入ることができる。

セント・マーガレット・タワーでは、毎年、特定の日の夕方に、青い光が目撃されるという。多くの人たちがそれを目撃し、夜間調査中の調査員たち（ピーター・アンダーウッド[※2]とその同僚）にも目撃されている。ホワイト・レディの現れるタワーに青い光、というのが少し不思議だ。この光は、ホワイト・レディに関係するものとして語られることが多いようだが、光の色を考えると、

※2
1923－2014。英国作家、幽霊研究家、英国学士院会員

もう1人のゴースト、ブルー・レディに関係するものである可能性もある。

ブルー・レディのほうは、18世紀ごろから目撃されている。フード付きの青いロングケープを身にまとって現れる彼女もまた、ポメロイ家の娘で、父親との近親相姦を強いられ、子どもを産んだが、自らその子を絞め殺したという。子どもを絞め殺したのは父親のほうだという説もあり、いずれにしても悲劇だ。彼女は、城を訪れた人たちを迷わせたり、自分を目撃した人――主に男性――を危険な場所へ誘い出し、死なせようとしたりするという。彼女との関連はわからないが、城内で赤ん坊の泣き声が聞こえたという報告もある。

1900年代初頭、城を撮影した写真に、白っぽい裾の長い服を着た女性らしき姿が写り込んだ。蔦に覆われた城のゲートハウスの出入口に立つその女性は、ブルー・レディではないかといわれている（白黒写真で服の色はわからない）。英国においては、白い服の幽霊が死の予兆とされているそうだが、この家においてはホワイト・レディより、ブルー・レディが恐れられているようだ。彼女はシーモア家における死の予兆とされている。

19世紀末、著名な医師であったウォルター・ファークハー卿が、城の執事の妻が病気になったため城に呼び出された際、城内で、苦しげに手を握りしめている美しい若い女性を目撃した。彼女は階段をのぼり、ファークハー卿と目が合うと消えてしまったという。何も知らない彼が、執事にその女性のことを尋ねると、執事は、ファークハー卿に、彼女が死の予兆であることを告げた。ファークハー卿は執事を慰め、彼の妻は回復するだろうと伝えたが、妻はその日のうちに急死してしまった。

ファークハー卿の目撃した女性は白い服を着ていたとされ、彼女をホワイト・レディと呼んでいる記事もあるが、マーガレット・ポメロイとは別の幽霊とみるべきだろう。ファークハー卿の視た霊を、ブルー・レディであるとしている記事もある。ここでも二人は混同されているわけだ。ファークハー卿の視た霊はブルー・レディでもマーガレットでもない別のホワイト・レディである可能性もある。ベリー・ポメロイ城には何百年も前から幽霊の話が伝わっていたが、このファークハー卿の回顧録が公表されて、広く知られるところになった。

ホワイト・レディとブルー・レディほど有名ではないが、城の厨房に現れるイザベラという幼い少女の霊の存在も報告されている。彼女は、ポメロイ家の人間と召使の間に生まれた私生児だった。9歳くらいと推定されている。ある晩、彼女が厨房に入ると、母親が城を訪れた貴族の男たちに襲われていた。イザベラは母親を守ろうとしたが、母親ともども殺されてしまった。それ以来、少女の気配が厨房に漂うようになり、訪れた客に恐怖心を感じさせるようになったという。今でも母親のために助けを呼ぼうとしているのか、訪問者の家まで後をついていったという話もある。

インターネット上にあがった、城を訪ねたことがあるという個人のブログには、キッチンで人の気配を感じた、叫び声を聞いた、何もなかったはずのところからハンマーが落ちてきた、といった体験談が載っている。そのなかには、城内でイザベラをからかった者がいたせいで、室内の温度が急激に下がり、彼女を怒らせたことがわかった、冷たい気配がついてくるのを感じ、車に乗り込めば車内の温度も下がり、家に戻れば家の中も凍りそうな寒さになり、数時間後、彼女が去ったとわかるまでそのままだった、という怪談もあった。それが本当にイザベラの霊だったのかはわからないが、この霊は城を出て、無礼な訪問者の自宅までついてくることができたということだ。

イザベラのほかにも、ベリー・ポメロイ城のゴーストたちの中では、ぼろぼろの服を着て籠を編むための籐（とう）の枝を抱えた若い女性の霊が、訪問者の家までついてくることがあるとして知られている。彼女は音も立てずに佇んでいるが、反感をもった相手を手にした枝で突くという。

小石を拾って帰ろうとした人が、邪悪な気配がついてきているのを感じ、それを自宅に連れ帰らないよう、慌てて城へ置いていったという話もある。数ある幽霊城のなかでも、「ついてくる」ゴーストの報告がこれだけあるのは珍しいのではないだろうか。

このほか、ベリー・ポメロイ城に出るゴーストとしては、グレーのドレスを着た女性や、城の城壁にランタンを持って立つ、中世の衛兵のような服装の男、口ひげを生やして城壁の外の道を歩く王党派の男（キャバリア）の幽霊などが目撃されているし、大広間では何度も大きな犬のゴーストが目撃され、人々は実際に撫でてみようとするまで、その犬に実体がないことに気づかなかったという。城の散歩道を歩く人影を見たとか、人の姿は視えないのに歩く足音だけが聞こえ、足跡が残っていた、という報告も多数ある。

有名な心霊スポットであるこの城に肝試しに行って恐ろしいものを見たという話は今でもたびたびインターネット上にあがる。なかには動画を撮っている者もいる。それらのなかでも、セント・マーガレット・タワーの前に現れた老婦人の霊に「時間に気をつけなさい」と告げられ（彼女は声を出さなかったが、なんとなくそう警告されたことが、その場にいた全員に伝わったという）、その後午前1時きっかりに、女性の霊は消え、かわりに恐ろしい悲鳴が響き、頑丈な城の入口の門が激しく揺れ始めた……という話は、その場にいた20人ほどが経験しているそうだから興味深い。これは夜の話だが、幽霊の目撃談はむしろ日中のほうが多いようだ。目撃される幽霊は、城が現役だったころの衣装を着ていることが多く、ほかにも、城の駐車場に停めた車のエンジンがかからなかったり、キーを回す前にヘッドライトが点灯したり、一瞬でバッテリーが消耗してしまうなどの現象が報告されている。うまく写真が撮れないなどのトラブルに見舞われながらも、今も心霊研究のグループが城の調査を続けているそうだ。

DATA

ベリー・ポメロイ城のデータ

Berry Pomeroy Castle

ベリー・ポメロイ城※の歴史は、本書で取り上げられた諸城の中では新しく、ポメロイ家による築城は15世紀末のことだった。テューダー朝（1485－1603）初代の王ヘンリー7世（1457－1509）の治世期にあたる。ポメロイ家の出自は古く、ウィリアム1世（征服王）に仕えた、ノルマンディー公領カルヴァドスのラ・ポムレ出身のラルフ・ド・ラ・ポムレ（11世紀後半に活躍）以来の名家である。1496年当時のベリー・ポメロイ領主リチャード・ポメロイ没時の記録に本城について記されているが、当時の建築物がどのようなものであったかはわからない。創建者は彼かもしれない

し、彼の父ヘンリー・ポメロイかもしれない。いずれにせよ、いわゆる薔薇戦争（1455－85）においてヨーク家側だったポメロイ家は、すでに火器の使用を前提とし、その状況に対応可能な築城を求めていたと思われる。

その後、本城は、1547年12月、初代サマセット公爵エドワード・シーモア（1500頃－52）に売却された。同年、彼は妹が産んだエドワード6世（1537－53）の摂政として絶大な権力を振るうようになっていたが、当地を一度も訪ねることなく1552年1月に処刑されている。だが、息子のエドワード・シーモア（1528－93）によって16世紀後半を通じ、城内の中庭を囲む建築物は初期エリザベス1世様式（エリザベサン様式ともいうが、様式名を形容詞とするのは日本語としては座りが悪い）による新たな館に一新されていった。エリザベス1世様式とは、英国における イタリア・ルネサンス建築導入期の様式だ。古代の神殿建築の外観を構成する円柱と横架材（梁や桁）に由来するコラム（柱形装飾）とエンタブレチュア（横架材形装飾）に似た装飾が用いられ、透明なガラスがはめられた大きな窓が設けられた。代表的な作例はウィルトシャーのロングリート・ハウスである。

※ベリー・ポメロイ城（Berry Pomeroy Castle）と表記するが、「パメロイ」という発音の方が近いようだ

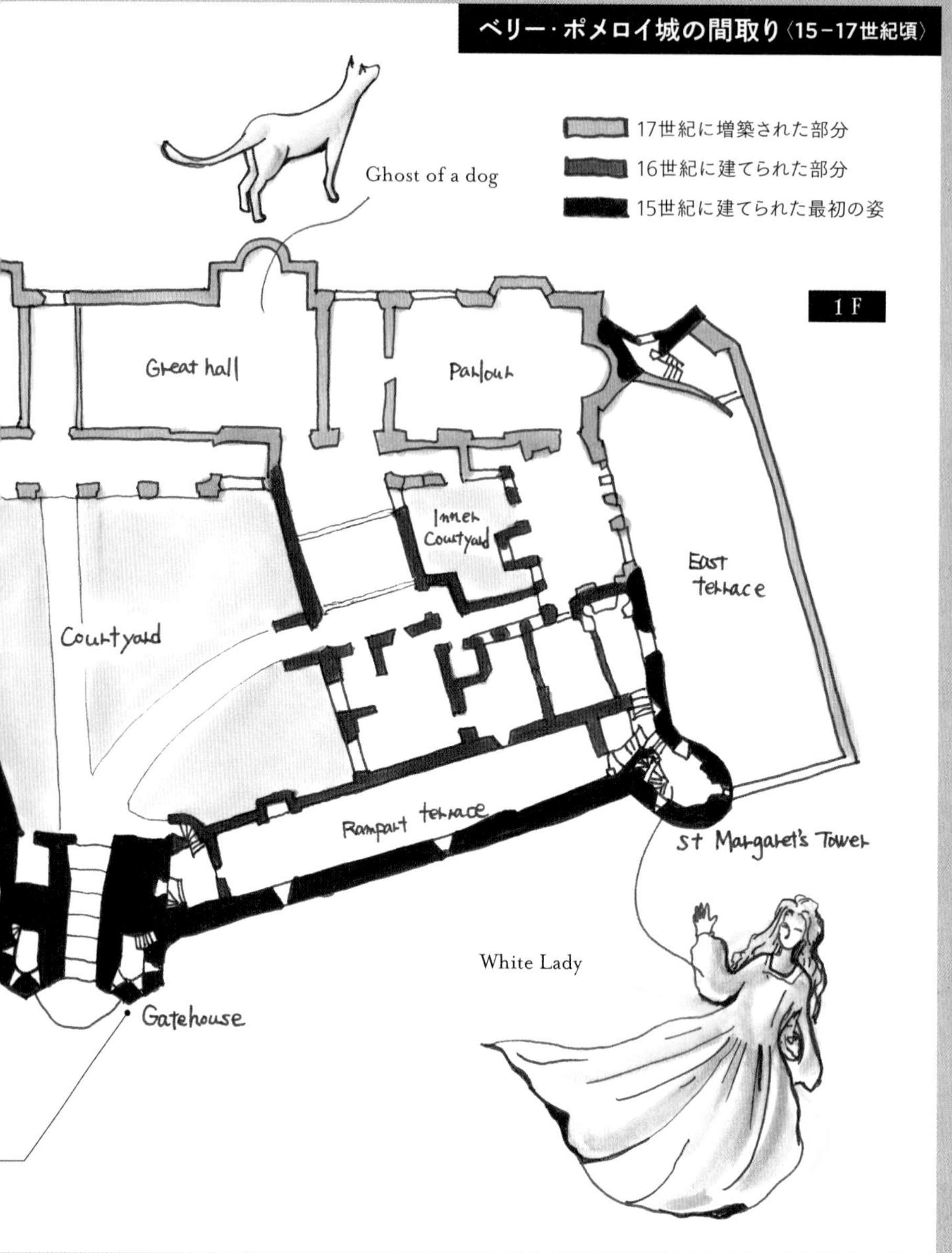
ベリー・ポメロイ城の間取り〈15−17世紀頃〉
17世紀に増築された部分
16世紀に建てられた部分
15世紀に建てられた最初の姿
1F
Ghost of a dog
Great hall
Parlour
Inner Courtyard
East terrace
Courtyard
Rampart terrace
St Margaret's Tower
White Lady
Gatehouse

ジェイムズ1世様式も英国の初期ルネサンスといえるが、イタリアのマニエリスム建築・美術の影響も見られる。エリザベス1世様式との違いは大きくなく、後世、まとめて「ジャコビーサン様式」と称されることもあった。ドラマ『ダウントンアビー』のロケ地として有名なハイクリア・カースルはそのリヴァイヴァルといわれる。

写真に写り込んだ、蔦（ツタ）に覆われた城のゲートハウスの出入り口に立つ女性。ブルー・レディか？

The HAUNTED CASTLE Case 13

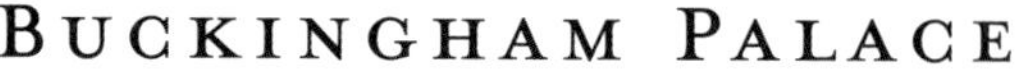

BUCKINGHAM PALACE

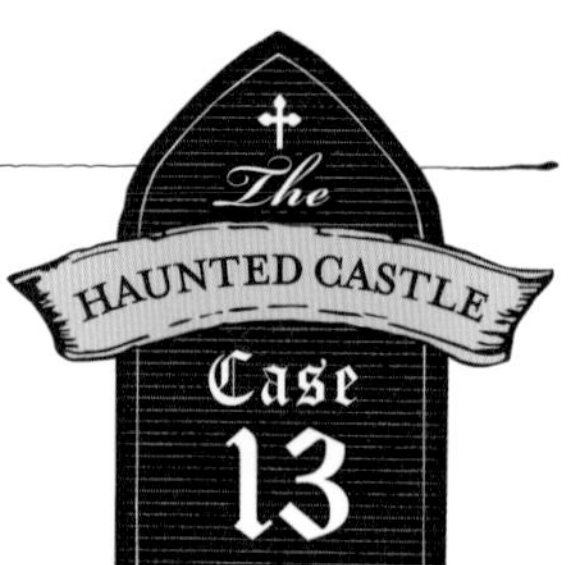

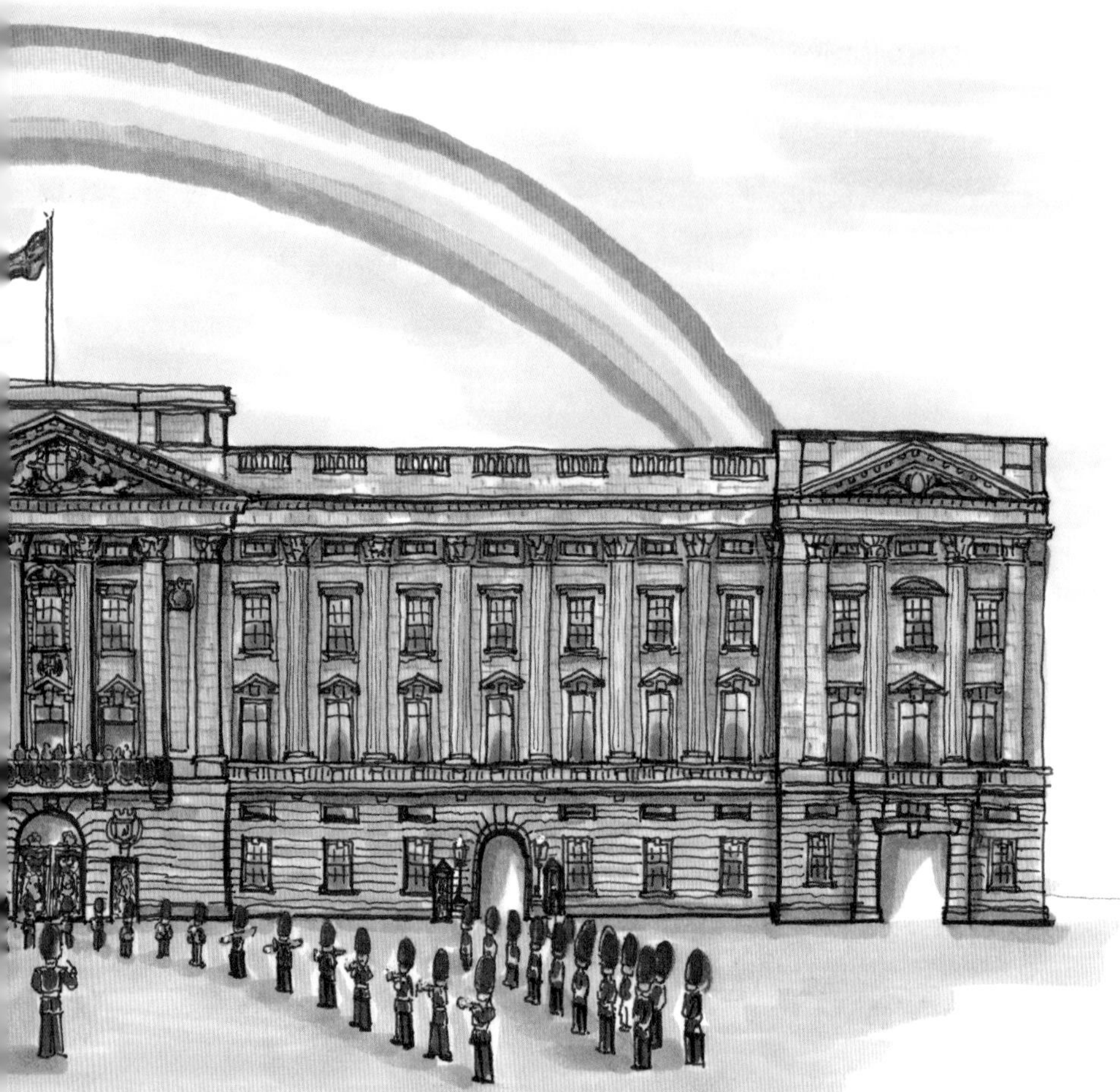

現役の宮殿に住むゴーストたち

ヴィクトリア女王の長い治世(在位1837－1901)の後、息子エドワード7世(1841－1910)が即位した。彼はバッキンガム宮殿東側正面に面した広場に女王ヴィクトリア追悼記念碑を建立した。この記念碑は王の没後の1911年5月16日に息子ジョージ5世(1865－1936)によって除幕された。彼はまた、記念碑に合わせて、都市公害により汚染されていた東側正面ファサードをポートランド産石材で作り直した。このファサードは1914年に完成し、現在に至っている。

現在のバッキンガム宮殿の姿

Case1で、英国においてはロイヤルファミリーですら幽霊との共存を受け容れている、ということを書いたが、現役の宮殿で幽霊が出るとされるのはウィンザー城だけではない。むしろ、公邸や、有名な宮殿には、必ずと言っていいほど、何らかの幽霊伝説がある。

英国王室の公邸の中で、おそらく最も有名であるバッキンガム宮殿は、1703年に初代バッキンガム公爵によって建てられた邸宅をジョージ3世[※1]が買い取り、それ以来王室の所有となった。後に大理石を用いた今の建物に改築され、ヴィクトリア女王[※2]の時代から、正式に王宮として使われている。現在の王室一家のロンドンにおける住まいだが、夏の間、一家がスコットランドへ避暑に出かけている間は、建物の一部が一般公開されていて、観光地としても大変人気である。

この宮殿に住んでいるとされる有名な幽霊は二人いて、一人は茶色い頭巾をかぶり、手枷足枷をつけた修道士の幽霊だ。宮殿が建てられる前の16世紀半ばまでは、この場所には小さな修道院があり、その頃に懲罰坊で死んだ修道士だと言われている。彼は毎年クリスマスになると現れて、広いテラスを鎖の音をたてながら歩きまわり、やがて消えるという。

※1
1738－1820（在位 1760－1820）。ハノーヴァー朝の英国王

※2
1819－1901（在位 1837－1901）。ハノーヴァー朝最後の女王

もう一人は、ヴィクトリア女王の長男エドワード7世[※3]の秘書官で、宮殿の執務室で拳銃自殺をしたジョン・グウィン少佐である。彼は20世紀の初め、宮殿の一階にある執務室内で拳銃自殺をした。離婚問題と、それにまつわる醜聞を苦にしての自殺だったとされる。彼の死んだ部屋からは今も銃声が聞こえることがあるというが、彼らしき幽霊の姿は目撃されていない。

ほかにも、城壁に立つ衛兵の幽霊の目撃談や、その足音が聞こえるという話、庭師が現れていつのまにか消えたというような話もある。ヘンリー8世の妻（6人もいるので、そのうちの誰かはわからない）の幽霊が今も歩き回っているという噂もあるが、誰がどこでいつ頃見た、という記録は見つけられなかったから、「絶対いるに違いない」という程度の話かもしれない。

バッキンガム宮殿内部の話ではないが、その北側に広がるグリーン・パークには「死の木」と呼ばれる一本の木があって、数えきれないほどの人間がその枝で首を吊ったと言われている。そのエリアは、かつて、近く（現在セント・ジェイムズ宮殿が建っている場所）に建っていたハンセン氏病の隔離病棟で亡くなった患者たちを埋葬するための墓地だったが、ヘンリー8世がその土地を没収し、狩猟場にし、後にチャールズ2世が公園にしたといういわくがある。

※3
1841－1910（在位1901－10）。ハノーヴァー朝を改名したサックス＝コーバーグ＝ゴーサ家の英国王

夜「死の木」のそばを通ると、笑い声が聞こえ、その木には動物や鳥も近づかないというが、たくさんある街路樹のどれがその木かはわからない。

バッキンガム宮殿の前庭にあたるのがセント・ジェイムズ公園だが、ここでも、血に染まった赤いドレスを着た首のない女性、レッド・レディとも呼ばれる幽霊が複数回目撃されている。公園の中にある人工の池の中から、首のない女性が浮かびあがってくるとか、ときには、そのまま岸辺にあがって、すごい速さで走っていってしまうとか、反対に、池に向かって歩いている、という話もある。1972年、公園の南側に沿った、バードケージ・ウォークと呼ばれる通りを走っていた車が街路灯に衝突する事故が起きたが、運転手はこのとき、赤いドレスの女が突然現れ、避けようとしてハンドルを切り損ねたのだと証言している（幽霊のせいだ、という弁明は通らず、判決で彼は有罪となって賠償金を支払った）。この女性に首があったかなかったかは記録にないようだが、赤いドレスということは同じ女性だろう。これらの噂の元となっているのは、18世紀に、連隊の隊長が不貞を働いた妻を殺害し、首を切ったという事件である。隊長は妻の胴体を池に捨て、首は兵舎の庭に埋めた、とする説も、死体を池に捨てようとしていたところを他の隊員に見つかって止められた、とする説もある。死体が捨てられたとする説によると、彼女の遺体は１８１６年に発見されたそうだが、いずれにしろ、首と胴体は別々にされ、首のほうは見つかっていない。

　この首のないレディは、バードケイジ・ウォークや池の周辺だけでなく、通りの東側にあるコックピット・ステップスと呼ばれる階段のあたりでも目撃されている。最も古い目撃談は１８０４年（１８０２年という説もある）の冬、近衛歩兵連隊の隊員が二人、彼女がセント・ジェイムズ公園のほうへ漂っていくのを目撃し、恐怖のあまり精神病院に入院することになったというものだ。二人は同じ連隊に所属していたが、共に行動していたわけではなく、それぞれ別々に彼女の霊を目撃したのだという。彼女は埋められた首を探しているのだというが、結構行動範囲が広い。かなりアクティブな幽霊のようだ。水面や空中を漂っているときもあるが、水中から陸にあがって走り出すと速い、という証言も、想像するとちょっと笑ってしまう。しかし、実際に夜、首のない血塗れの女性が走って追いかけてきたら、笑いごとではないだろう。

　このセント・ジェイムズ公園の北を通る広い並木道を挟んだ北側、バッキンガム宮殿から徒歩５分ほどの距離に、セント・ジェイムズ宮殿が建っている。

現役の宮殿の中では、英国王室最古のこの宮殿は、元はハンセン氏病患者の隔離病棟があった場所に、ヘンリー8世が、アン・ブーリンと暮らすために建てたものだ。1702年からはロンドンにおける第一の王宮として利用され、メアリー1世がここで亡くなり、彼女の心臓が宮殿内の王室礼拝堂に埋葬されているほか、エリザベス1世もここを王宮としたが、ジョージ3世がバッキンガム宮殿の前身であるバッキンガム・ハウスを購入して以降は、王宮としての機能はそちらへ移り、現在はアン王女など一部の王室メンバーの住居として、また、式典にのみ利用されるようになった。しかし、宮廷の公的な住所は今でもこの宮殿になっていて、衛兵もいる。新国王の即位が発表される「布告の間」があり、2022年9月8日、エリザベス2世が崩御した後も、この場所でチャールズ3世[※4]の即位が布告された。

ここに現れる、最も有名なゴーストは、19世紀初頭に死んだジョセフ・セリスという男性だ。喉を切り裂かれ、首がとれかかったおそろしい姿で現れるという彼にまつわるエピソードは、なかなかのミステリーだ。

1810年5月31日の深夜2時半ころ、ジョージ4世[※5]の弟であるカンバーランド公爵が就寝中に誰かに襲われた。彼は悲鳴をあげて従者を呼び、大事には

※4　1948－（在位2022－）。ウィンザー朝の現英国王

※5　1762－1830（在位1820－30）。ハノーヴァー朝の英国王

至らなかったが、衣服や手を切りつけられ、部屋の中には血のついた公爵のサーベルが落ちているのが見つかった。公爵の命令で、召使たちがもう一人の従者ジョセフ・セリスを起こしにいったところ、彼はベッドの上で死んでいた。喉を、背骨に達するほど深く切られ、ほとんど首がつながっていないような状態だった。セリスが、主人であるカンバーランド公爵を襲って失敗し、自殺したものと結論が出されたが、人々は、襲われたというのは公爵の狂言で、カンバーランド公爵がセリスを殺したのだと噂した。セリスの部屋の洗面器の水が血に染まっており、一方、セリスの手は汚れていなかったので、自殺する前に手を洗ったというのはおかしいとか、自分の首を切断しそうなほど深く切れるとは思えないとか、自室で首を切ったならそもそも凶器はどこにあるのかとか、確かに、他殺を疑う理由は山ほどある。カンバーランド公爵は、セリスの妻と不倫していたのだとか、いや、公爵がセリスの娘を妊娠させ、娘が自殺したため、それを暴露すると言ったセリスの口を公爵が封じたのだとか、様々な噂が流れたが、公爵がセリスを殺害したとする決定的な証拠はなく、結局、セリスの死は自殺として処理された。カンバーランド公爵は民衆に不人気だったそうだから、スキャンダラスな噂について鵜呑みにできないところもあるが、セリスが未練を残して死んだのは間違いないだろう。それ以来、セントジェイムズ宮殿では、喉を切り裂かれたセリスの幽霊がベッドの上に現れ、あるいは、黒い影のような姿で廊下を歩いているのがたびたび目撃されている。姿は視えなくても、生臭い血のにおいを感じたという人も多く、この事件について何も知らない宿泊客も、事件のあった部屋に入ると奇妙な感覚を覚えるという。また、宮殿の職員からは、室内では誰かの視線を感じたり、物が移動したりする、また、室内のある一点だけで冷気を感じることもある、と報告されている。

ロンドン市内にあるもう一つの宮殿、ケンジントン宮殿は、1689年、当時ノッティンガム伯爵が所有していたケンジントンの土地をウィリアム3世が買い取り、建物を改築して宮殿として以来、数世紀にわたって複数の王室メンバーたちに愛用されているが、ここにも、さまざまなゴースト伝説がある。ちなみにこの宮殿はヴィクトリア女王が生まれ、即位するまで過ごした場所であり、メアリー2世が1694年、天然痘で死去した場所でもある。1981年、当時のプリンス・オブ・ウェールズ夫妻の住居となり、離婚後も、ダイアナ元妃[※6]はここに住んだ。今はウィリアム王子[※7]とキャサリン妃の住居として知ら

※6
1961-97。英国の元皇太子妃。現英国王・チャールズ3世と1981年に結婚、1996年に離婚。翌年、パリ市内にて交通事故により死亡。

れ、現在は一部が一般公開されている。

さて、この宮殿には複数のゴーストが住み着いているとされる。そのうちの一人は、1760年に動脈瘤破裂により急死した英国王、ジョージ2世だ。ドイツ、ハノーファー出身の彼は、七年戦争中、ハノーファー軍からの知らせを待ち、風見鶏を見つめながら「なぜ彼らは来ないのだ」と繰り返していたという。死ぬ前に生まれ故郷であるハノーファーへ戻りたがっていて、迎えを待っていた、とする説もあり、そうすると、「なぜ彼らは来ないのだ」という言葉の意味も変わってくるが、いずれにしろ、それが彼の最期の言葉だとされている。彼は77歳と、当時としては長生きし、朝のホットチョコレートを飲んだ後に急死して、死後は遺言通り、1737年に亡くなった愛妻のキャロライン王妃と寄り添う形で葬られたというから、幽霊になるような未練はなさそうにも思える。しかし、彼の死後も、宮殿内では「なぜ彼らは来ないのだ」と言う彼の声が聞こえるという。

彼に次いで有名なゴーストは、「糸をつむぐソフィア」と呼ばれる女性の霊である。その正体は、ジョージ3世の娘であり、ヴィクトリア女王の叔母に当たるソフィア王女（1777－1848）で、生前彼女が使っていた部屋に、ぼ

※7　1982－。英国王室の王太子。

んやりと糸をつむぐ彼女の姿が浮かぶのだという。生前の彼女は実兄や王の側近と恋愛関係にあり、父親のわからない子どもを産んだとされている。それを理由に父親から疎まれ、生涯未婚で、1848年、ケンジントン宮殿で病死したというが、若い頃から針仕事が好きで、やがて目をわずらい、盲目のまま11年後に亡くなるまでは、糸をつむぎ針仕事をして暮らしていたそうだ。具体的なエピソードとしては、1970年代に、宮殿で働くスタッフが、ソフィアとおぼしい年配の女性を目撃している。その女性は、ソフィアの時代のものと思われるドレスを身に着けていて、突然現れ、壁を通り抜けて消えてしまったという。彼女の姿を見たという話のほかに、彼女の糸車が動いていたとか、回転する音だけが聞こえたという報告もある。

ソフィアの出現が報告されている1Aという棟は、現在ウィリアム王子とキャサリン妃の息子たちが使用しているが、宮殿内でもっとも幽霊が出るエリアだという。ソフィアの霊なのかはわからないが、マーガレット王女の執事と家政婦が、1Aに宿泊していた際、深夜に叫び声を聞いて目を覚ましたが、彼らのほかにはその棟に人はいなかった、という報告もなされている。

さらに、子ども部屋の一つ（ウィリアム王子の次男・ルイ王子の部屋）には、「野生児ピーター」の幽霊が出ると言われている。ピーターは小説のモデルにもなっている実在の人物だが、素性はわかっていない。彼は1725年、ドイツ・ハノーファーの森で裸のまま獣のように四足歩行しているところを発見され、興味を持ったジョージ1世の命令でケンジントン宮殿に連れて来られた。一時期、王家の別荘で、当時の王太子妃、後にジョージ2世の王妃となるキャロラインのペットのように暮らしたが、マナーや言葉はほとんど理解できないまま、王家から養育費を与えられて郊外の農家で暮らすことになり、1785年まで生きた。彼の死後、宮殿に幽霊が現れるようになったという。ピーターが生前、宮殿で過ごした時間は長くなく、また、そこが彼にとって居心地のいい場所だったとは思えないが、ピーターはキャロライン王妃になついていたというから、彼女を懐かしんで宮殿へ戻ったのかもしれない。ちなみに、宮殿にはキャロライン王妃の幽霊も出るとされている。宮殿内には、今もピーターの肖像画が飾ってあるそうだ。

ほかには、1694年、ケンジントン宮殿に引っ越してわずか一週間で亡くなった、ウィリアム3世の妻メアリー2世が宮殿内に現れるとか、彼女が泣いているのが聞こえるといった話もある。それだけの幽霊伝説のある宮殿に、よく子どもと暮らせるものだと、日本人の感覚だと感心してしまうが、英国王室の人々が、幽霊が出ることを理由にその場所に住むことを嫌がった、という話は聞かない。生まれたときから歴史ある城や宮殿で暮らす彼らにとっては、住居に先人たちの幽霊が住み着いているのは自然なことで、あたりまえの環境として受け容れているのかもしれない。

DATA

バッキンガム宮殿のデータ

Buckingham Palace

もともと、ここはステュアート朝初代の王ジェイムズ１世（１５６６−１６２５）によって養蚕業のための桑栽培が始められた地だった。

１６２８年、次代の王チャールズ１世（１６００−49）はここをアストン卿に下賜した。この時点で大規模な邸宅が建っていたことは確かだが、現存しない。１６９８年、ジョン・シェフィールド（１６４８−１７２１）が所有者となり、既存建築物を取り壊して新たな邸宅を建築した。これが現存する建築物の基となっている。当時の代表的な英国の建築家の一人ウィリアム・トールマン（１６５０−１７１９）らの監修の下、設計された。ジョンが後に初代バッキンガム公爵に叙されたことから、「バッキンガム・ハウス」と呼ばれるようになった。

DATA

1762年、ハノーヴァー朝3代目の王ジョージ3世（1738−1820）は王妃シャーロットのためにバッキンガム公爵家からこの邸宅を入手した。ハノーヴァー朝は4代続けて王の名が「ジョージ」だったので、この間の建築・美術様式を「ジョージ様式」といい、一般的には3期に分けて考えられている（「ジョージアン様式」ということも多い）。1760年代は第2期にあたり、新古典主義的傾向が強い。

この邸宅を本格的な宮殿に設え、「バッキンガム宮殿」としたのはジョージ3世の息子ジョージ4世（1762−1830）だ。ジョージ3世が精神疾患を患ったため、1811年から摂政（リージェント）として父に代わり英国を統治した。彼の摂政時代から治世期にかけては、ジョージ様式第3期にあたるが、「リージェンシー様式」という方が一般的だろう。この時代の英国の代表的な建築家はジョン・ソーン（1753−1837）とジョン・ナッシュ（1752−1835）である。

ナッシュが1820年代後半に既存建築をコの字形平面とすべく、奥の中央棟を拡張し、東に伸びる両翼棟は完全に建て直している。この平面形式はヴェルサイユ城館等にみられる、フランス近世邸宅建築の定型である。コの字形平面の城館が囲む前庭のさらに前には、当時の英国の海陸に渡る勝利を顕彰した凱旋門が建築された。

だが、1828年までに49616 9ポンドを費やしたこの事業は当初予算を大幅に超過しており、王の没後、ナッシュは解任され、エドワード・ブロア（1787－1879）が新たに主任建築家となった。彼は南北両翼棟東端部ファサードを拡張し、南側に新たなエントランスを設けた。また、1833－34年には、ナッシュのデザインに基づいてステイト・ルームズの内装を完成させている。1846年の絵画をみると、両翼棟の東端部では、古代神殿基壇風仕上げの1階の上に、ペディメントを頂いたジャイアント・オーダーで装飾された2階と3階が載っていて、ヴェルサイユ城館の北翼棟であるガブリエル棟東端部の新古典主義的デザインに似る。

ジョージ4世の弟ウィリアム4世（1765－1837）の短い治世の後、1837年にジョージ3世の孫ヴィクトリア（1819－1901）が即位した。彼女の意向により、1846年に売却されたブライトン離宮から得られた資金53000ポンドを用いて、ブロアによるバッキンガム宮殿の増築が始まった。コの字形平面に囲われた前庭を塞ぐように、カーン産石材によって東棟が建築されてロの字形平面となり、前庭は中庭となった。ブロアは東棟の東側正面ファサード中央にバルコニーを設けている。

1855年には、建築家ジェイムズ・ペンソーン（1801－71）によってネオ・ルネサンス様式の舞踏・コンサートの間、舞踏・晩餐の間が設えられた。この間、ナッシュの凱旋門「マーブル・アーチ」はハイドパーク北東隅に移築された（現存）。

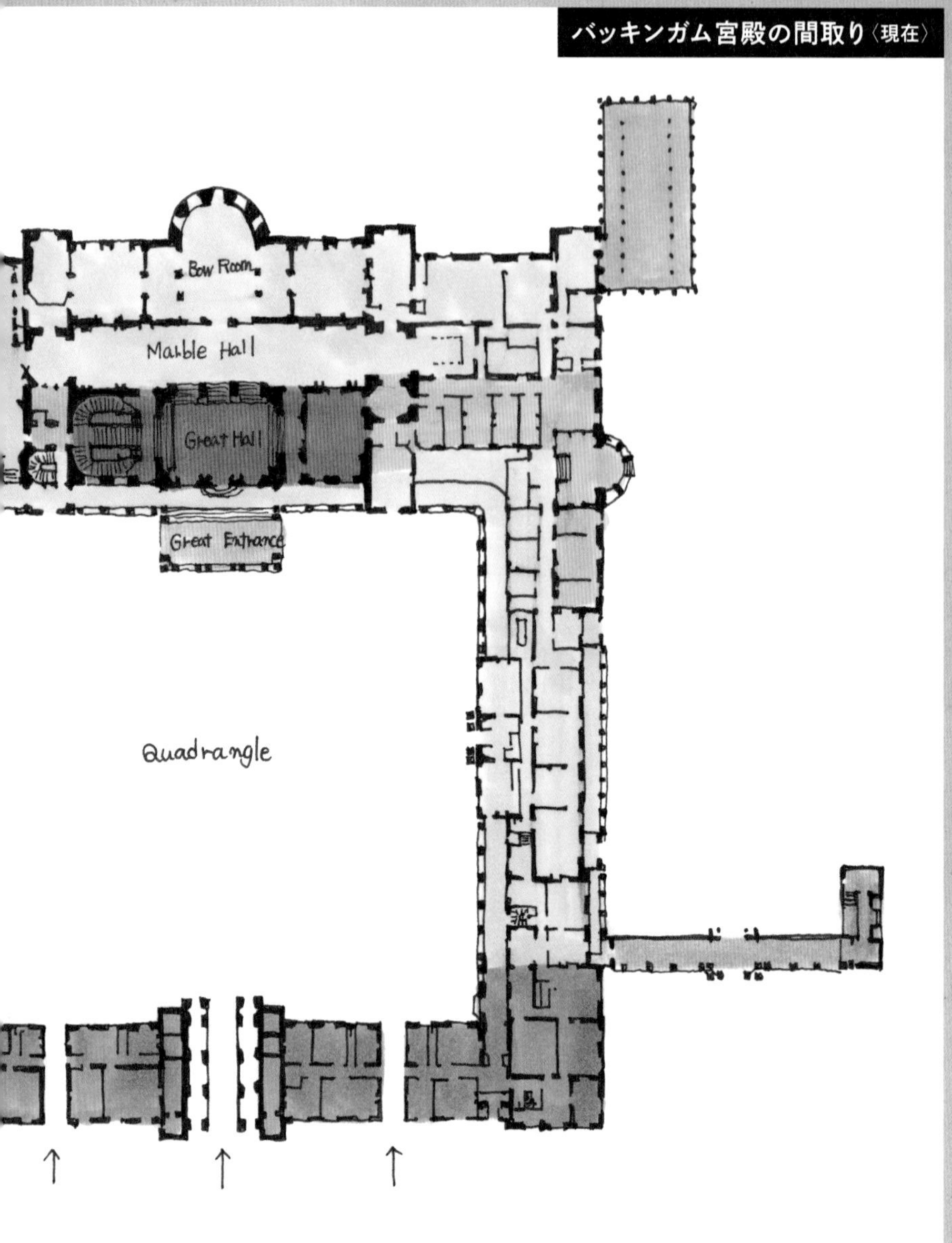
バッキンガム宮殿の間取り〈現在〉
Bow Room
Marble Hall
Great Hall
Great Entrance
Quadrangle

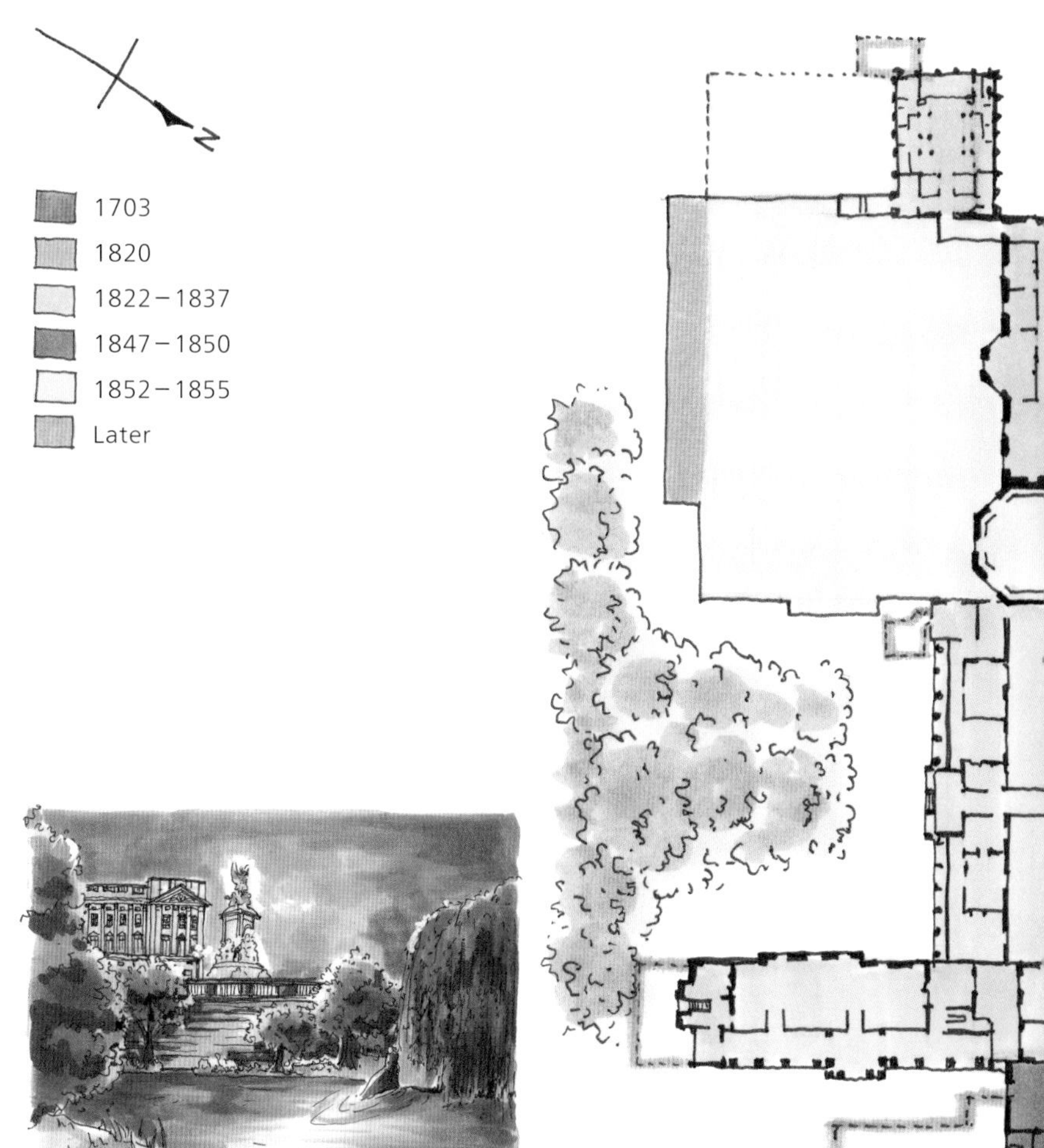

血に染まった赤いドレスを着た首のない女性、レッド・レディ。セント・ジェイムズ公園の中にある人工の池の中から浮かびあがってくるという。

おわりに

私が英国に住んでいたころ、日本の会社が買いあげて社宅にしていた市内の一軒家に、女性の幽霊が出るという噂を聞いたことがあります。そこに住んでいた何代目かの支店長夫人がノイローゼになって出ていってしまった、という話で、そのときは、ただ、「そうなんだ、怖いなあ」と思ったのですが、今考えてみれば、幽霊はただ出るだけで、悪さをしたという話は聞きませんでした。駐在の支店長一家は引っ越すことになったわけなので、まったくの無害とは言えないにしても、住んでいたのが英国人だったら、それはそれとして、気にせず生活を続けられたのかもしれません。

私たち日本人と比べて、英国人たちは驚くほど幽霊たちに寛容です。本文にも書きましたが、その理由には、歴史的文化的背景があるのだろうと思います。今回、この本を書くにあたって、英国の歴史について調べ、そう感じました。

私は英国で生まれ、何年も暮らしていたのに、連載のために調べるまで、この国の歴史をほとんど知りませんでした。中学高校はインターナショナルスクールで、歴史の授業も選択制だったので（私は古代史を選択していました）、学校で習う機会もなかったのです。調べ始めると、「この人はこの人とこういう関係だったのか」「あっ、前の号に書いたこの人と、この人はこうつながっていたのか」と次々と発見があり、点と点がつながる感覚がとても楽しく、謎とされている事柄に「もしかしてこうだったのでは？」という自分なりの解釈を見つけたときには嬉しくなりました。知る機会を得られてよかったと思っています。

なんとなく英国に興味があるけれど歴史についてはあまり詳しくない、という人でも、わかりやすく読めるように書いたつもりです。英国の歴史にもともと興味のある人にとっては、史実自体はすでに知っていることばかりかもしれませんが、「あの城にあの人の幽霊が出るなんて言われているのか」「その話はこの話とこうつながるのか」という、別の角度からの発見があるのではないかと思います。

幽霊や歴史ミステリーに興味がある人には特に、楽しんでいただける本になっている……といいのですが、どうでしょうか。

雑誌掲載時は白黒の記事だったので、書籍化にあたり、山田佳世子先生の素敵なイラストをカラーで見ていただけることになったのも本当に嬉しいです。

皆様にも、英国の美しく雰囲気のある幽霊城と、それにまつわる物語を楽しんでいただけたなら幸せです。

織守きょうや

おわりに

私は英国の住宅マニアですが、その理由はそこに歴史が宿り、受け継いだ現代人が共存を楽しんでいるというところにあります。それが「住宅」レベルから「お城」となるとその規模は格段と大きく、住んでいた人物も王様やその時代の中心人物になってきますのでそこに宿る歴史やミステリーはとても壮大なものとなります。「お城」を訪れるとき、そこに歴史を見たり学んだりするわけですが、私は今までどこか過去の事という認識で切り離して見ていたように思います。織守先生の幽霊城という視点からのお城の物語を読ませてもらうと「幽霊」という存在のお陰で切り離した過去ではなく現在に続いている感覚になり感情移入をし易くなったように思います。今回取り上げられたお城に行った時にはきっと「あの幽霊に出会えないかな」、「ここでこんなことがあったのか」と、より歴史を身近に感じることができそうです。血なまぐささのある中、不思議と怖さはなく、歴史の一部を幽霊が見せてくれているような感覚があり、そこに英国の幽霊の魅力を感じます。

同じ神戸在住で英国に縁のある織守先生から連載のイラスト依頼を受けた時はとても嬉しく、英国のお城を描く機会を与えていただき感謝の思いでいっぱいです。英国のお城の魅力を伝える一助となっていれば幸いです。

山田佳世子